悪とはなにか

テロ、大量殺戮、無差別殺人——
理性を超えた
「人間の罪業」を解き明かす

テリー・イーグルトン［著］
前田和男［訳］

On Evil

JN155662

ビジネス社

凡例

●（　）は原著者による補足。

●〔　〕は訳者の判断で文意を適宜補ったもの。

●「原注」は原著者によるもので章ごとに通し番号を付し当該頁か前後の頁の欄外に記載。

●「＊印」は訳者による用語・文章への補足説明で当該頁か前後の頁の欄外に記載。

●読みやすくするために、原著にはない小見出しをつけ、適宜改行した。

本書を推薦します

悪とは何か。なぜ人は悪に魅せられるのか。悪の本質には何が秘められているのか。善行の背後に偽善が見え隠れし、愛を語れば歯の浮くような白々しさを感じ、ヒューマニズムがお為ごかしにしか思えない時代にあって、悪とは何であるのかを問うことは、現代を理解するカギになるに違いない。

悪の諸相を、卑近な殺人事件からアウシュビッツの大量殺戮に至るまで、博覧強記の知識を縦横無尽に駆使して明らかにする本書は、今もっとも読まれるべき名著である。S・フロイトの「生の欲動」と「死の欲動」の葛藤仮説をはじめ、文学、心理、経済、歴史など、様々なジャンルを越境して語られるT・イーグルトンの悪に関する考察は、外国人排斥や人種差別、ヘイトクライムや暴力的な憎悪が氾濫する現代という時代を理解する重要なヒントを与えてくれるに違いない。イーグルトンの著作の中でも難解な本書の邦訳に挑戦した訳者に敬意を表したい。

二〇一六年十二月

東京大学名誉教授　姜尚中

目次

序章

若き殺人者

十五年前〔一九九三年〕、十歳になる二人の少年が幼児をいたぶった上に殺害するという事件がイングランド北部で起きた。社会的に大きな恐怖を呼んだが、この特殊な殺人がなぜ衝撃的事件と受け止められたかについては、いまなお完全に明らかにされたとはいえない。つまるところ、子どもとは、社会的には半ば保護観察下にある生き物で、しばしば残虐なふるまいに及ぶことがある。フロイトの学説に従えば、彼らは超自我と倫理観が大人よりも低い。その点からすると、子どもたちが残虐な事件を起こすことがさほど多くないことのほうがむしろ驚きである。それは、子どもたちはつねに殺し合いに及び、事件が表に出ないだけなのかもしれない。そこで頭に浮かぶのはウィリアム・ゴールディングの小説『蝿の王《ロード・オブ・フライズ》』だが、著者は、小学生たちが孤島に漂着して大人の管理が及ばなくなると一週間もしないうちに殺し合いになると言いたげである。

子どもたちが不吉で厄介な出来事を起こす存在だとわれわれが信じてやまないのは、われわれの社会の中の異人種《セミ・エイリアン・レース》もどきに見えるからなのかもしれない。そもそも子どもは働かない。だから彼らは何のために存在しているのか大人にはよくわからない。彼らがしでかす不吉で厄介なことは、大人と共通するものもあるが、そうでないものもある。ジョン・ウィンダムのSF小説『呪われた村』に描かれているのと同じやりくちで、子どもたちが共謀して大人をやっつけることだって、考えられない話ではない。子どもたちは社会の完全なる一員ではないので、無知で未熟な存在《イノセント》と見られている。しかし、それと同じ理由から、彼らは魔王《サタン》の卵とも見なされる。それゆえにヴィクトリア朝時代の人々は、彼らの子どもや孫たちを天使と見るのかそれとも悪魔《エヴィル》と見るのかで、両極の間を振れたのである。

前述の幼児殺害事件に関わった一人の刑事はこう断言した。犯人の少年をひとめ見たとたん、こいつは悪魔だとわかった、と。このようにして悪魔に対して悪の烙印が押されるのである。少年が悪魔呼ばわりされたとたん、心優しい良識的な人々は出鼻をくじかれる。それは、少年たちの行為に社会的な原因を求めようとする人々への先制攻撃であった。社会的原因を考えることは〔犯した罪への〕許しにつながるが、悪魔の行為と断じられたら、もはや人の理解が及ぶところではなくなる。悪魔は理解の対象ではない。それ自体が存在根拠であって、いわば混雑した通勤列車に大蛇を身に巻いて乗り込むような存在であり行為である。それを受け入れられる脈略も余地もあろうはずがない。

シャーロック・ホームズの最大の敵役、悪魔の権化であるモリアーティ教授は、ほとんど脈略もなしに登場する。しかし、重要なのは、モリアーティはアイルランド人の名であり、コナン・ドイルが執筆していた当時、イギリスではアイルランド独立運動の過激派「フィニアン主義者」*が世間を不安に陥れていたということだ。彼らの運動は、ドイルに、精神病院に閉じ込められていたアルコール依存で狂暴なアイルランド人の父親を思い起こさせたのではなかろうか。登場人物にモリアーティと命名することで、正真正銘の悪魔のイメージを、実在の人間以上に彷彿させることができたのではないか。

それにしても、いまなお悪魔はしばしば理屈や道理ぬきで語られる。一九九一年に英国国教会福音主義派のある主教は、自らの著作にこう記している。悪魔にとり憑かれている人物には明らかな兆候《サイン》があり、不自然な高笑い、道理の通らぬ物言い、ウソ笑い、祖先や親戚にかつて炭鉱で働いていたスコットランド人がいる、黒い色の衣服や車を好む、がそれであると。いずれも根拠がないにもかかわらず、悪魔のしるしとされる。いや、根拠がなければないほど、悪魔のしるしはより大きくなる。悪魔はそれを超える根拠や理屈を必要としない、それ自体が根拠であり理屈なのである。

実際、悪魔は〝超根拠〟である。もし先の幼児殺害者が、退屈しのぎであれ、ある

＊19世紀から20世紀にかけてアイルランドの独立と共和国樹立をめざして活動した団体。

いは劣悪な住環境のせいや親の育児放棄であれ、それで事に及んだとしたら、(前述の刑事が怖れる)社会的な要因によって引き起こされたことになり、少年たちは刑事が望んでいるような厳しい処罰を受けなくてすむかもしれない。そのことは、根拠のある行為が勝手にまかり通るのは許さないとする誤った考えを生み、弾圧・強圧の根拠にされる。すなわち、もしその行為に根拠があれば責任をとらなくてもいい。ロウソク立てで相手の頭に穴をあけたとしても、相手が頰にびんたを食わせたからで自分には責任はない、となりはしないか。これに対して、悪魔は〝超根拠〟か、それ自体が根拠と考えられる。これは、さまざまな点で、「善」と似通っている。すなわち、悪魔を除けば、神だけがそれ自体が存在根拠と考えられるという点において。

刑事の頭にあるのは一種の同義反復の考えである。つまり、人が悪魔的な行為に及ぶのは、その人が悪魔だからだ。物事に汚《けが》れがあるように人間にも悪魔的な輩はいる。彼らが悪魔的な行為に及ぶのは、行為自体が目的ではなく、自らが悪魔的存在だからである。

しかし、やむにやまれずに行為に及んだという見方はできないのだろうか? 件《くだん》の刑事にとって、悪魔という見方は環境決定論へのいわば対案であった。だが、それは環境決定論を性癖・人格論に置き換えただけにも見える。つまり、環境ではなく当人の生まれながらの性癖や性格が筆舌に尽くしがたい行為をさせたのだ、と。ちなみに環境を変えればいいのではないか——スラム街をなくし、若者更生クラブを設立し、麻薬の売人を追放するなど——と容易に思いつくが、性癖・人格決定論が大前提になると、そうは問屋は卸さなくなる。人は自らを永遠に変えられず自己形成もできなくなり、逆に自らが悪魔であれば自分自身を根本から変えられることになってしまう。

そこで刑事と同じ立場の人々は悲観論に陥るが、それでも彼らは事件と犯人への告発をつのらせるだろう。しかし、もし事件をもたらした社会的な要因よりも魔王《サタン》が当面の相手だとすると、弟子の悪魔たちを撲滅することはできそうにない。これは刑事と（立場を同じくする人々）にとっては由々しき問題である。少年たちを悪魔と呼ぶことで、彼らの犯行をより劇的にし、原因を社会的要因に求める心優しいアプローチを遮断してしまう。その結果、犯人たちに情状酌量の余地がなくなるものの、こうした悪行が存在していることを世間に知らしめてしまうからである。

だが、若き殺人者たちが悪魔にならざるをえなかったとしたら、それは彼らが無知《イノセント》で未熟な存在だからに他ならない。大方の人は、子どもたちが悪魔になる可能性は、当然のことながら、離婚したり売買契約を結んだりするよりもはるかに低いと思っている。いっぽうで、悪の血統や遺伝子の存在を信じ込んでいる人たちもいる。しかし、本当に悪魔として生まれたら、それは、先天性の嚢胞性線維症患者*と同じで当人に責任はない。天罰があたえられたというのであれば、それは神によって贖《あがな》われるしかない。かつてイギリス政府の安全保障の最高顧問がテロリストを「精神異常者」と呼んだことがある。この人物が自らの職務の何たるかをわきまえていたとはとても思えない。なぜならテロリストを「狂人」だとすると、彼らは自らの行為を自覚できないわけで、倫理的に無知で未熟《イノセント》な存在になるからだ。そうなれば彼らはモロッコの秘密刑務所で断種処分されるよりは、精神病院で手厚く治療されるべきことになる。

　悪魔とされる人は、男であれ女であれ、しばしば〝取り憑かれた〟と言われる。しかし、やむにやまれず悪魔の虜《とりこ》になってしまったというのなら、それは哀れむべきであって、断罪すべきことではない。ちなみに『エクソシスト』**では、極悪非道をつくす少女の主人公を憎むべきなのか、それとも同情すべきなのか、判断に迷うという点で、興味深い映画である。〝取り憑かれた〟とされる人については、自由意思なのかそれとも生まれつきなのか、という古典的な問題が劇的な形でついてまわる。すなわち、悪魔祓い《エクソシスト》に取り憑かれた子どものなかにいる悪魔はその子の生まれながらの本質なのか（彼女を怖れ憎む立場）、それとも異星人《エイリアン》に乗っ取られたのか（彼女を哀れむ立場）？　悪魔のパワーに操られて抵抗できない人形なのか、それとも彼女の内側か

*全身の外分泌腺異常疾患。粘着質の分泌液が各器官の管に詰まり、呼吸困難や消化機能の低下を引き起こす難治性疾患のひとつ。

**1973年に公開されたアメリカのホラー映画。少女に憑依した悪魔と神父の戦いを描く。

ら生まれ出たものなのか？　さらには自己疎外——この忌まわしいパワーの出どころは自分であると同時に自分ではない——なのか？　その場合は、第五列*——自我のなかにもう一人の自我があるということになり、われわれは、アリストテレスが悲劇を鑑賞評価するときのように、哀れみと怖れの思いを同時に感じるべきであろう。

悪魔となった人を罰したいと願うのなら、彼らが自由意思で悪魔となったという立場に立たねばならない。おそらく、彼らは最後の最後で慎重に悪魔であることを選ぶ。たとえば、シェイクスピアの『リチャード三世』で、リチャード三世が「悪党であることを証明してみせてやる」と挑戦的に言うように。また、ミルトンの『失楽園』で魔王《サタン》が「悪魔、わが善き友よ」と言い、ジャン＝ポール・サルトルの戯曲『悪魔と神』で〔主人公の〕ゲッツが「われ悪魔ゆえに悪をなす」と自負するように。このように悪魔を意図的に選ぶ人々は、すでに悪魔であって、それゆえに悪魔の行為に及ぶのである。サルトルの〔著作で例証に挙げられる〕ウェイターを演じるウェイターのように**、すでに存在している自分を選んでいるにすぎない。もともと悪魔の倫理のクローゼットにいたのがそこから出てきただけで、まったく新しい自我《アイデンティティ》を獲得したわけではないとみるべきであろう。

幼児殺害事件に関わった先の刑事は、理解が尽くされればすべては許されるという

＊スパイまたは対敵諜報協力者。
＊＊サルトルはウェイターは職業と自分の存在を同一視しているとして、批判している。

リベラルな考え方に疑問を呈しているように思える。この考えは、自らの言動は説明可能とするものだが、なまじ状況を知っていると情状酌量しがちである。いっぽう、自らの行為に合理的な説明がつけば、その行為には責任をとらなくてすむ。しかし実際は、なにかの根拠に基づいて事に及んだのか、思いつきでやったのかは渾然一体としている。この点を理解しない人は、よこしまな行為を理屈をつけてごまかそうとする。

しかし、たとえば週末にアライグマを生きたまま釜茹でにした理屈をいくらこねても、それが許されるとは限らない。たとえば歴史家がヒトラーの登場についてあれこれ解説しているのは、ヒトラーを魅力的にみせるためだと考える人はまずいないだろう。イスラムの自爆テロの動機をガザ地区の窮状に求めて彼らの罪を酌量しようとするコメンテーターがいる。しかし、幼い子どもたちをアラーの名において吹き飛ばすことが許されるわけはない。単に刺戟を求めて人々を粉々にするという彼らの凶行にどんな釈明も通るはずがない。どんな釈明もやつらの行為を正当化できる理由にはなりえない。たしかに飢えは夜明けの二時にパン屋の窓ガラスを割る十分な理由にはなるが、それが許容されるとは限らない、少なくとも警察には。

ついでにいうと、イスラエル・パレスチナ問題をはじめ、いまイスラムが憎しみを募らせている事態が解決すれば、彼らのテロが一夜にしてこの世から消えてなくなるなどと言うつもりはない。「時すでに遅し」が苦い現実である。資本もテロも自己増殖運動という特性をもっている。憎しみと屈辱なくしてテロは起きえない、これが紛うことなき現実である。

理解が深まれば融和が生まれるという考え方も、とんだ勘違いである。むしろ現実は逆のことが多い。たとえば、われわれは第一次世界大戦の惨劇を知れば知るほど、ますます戦争は正当化できないと思う。しかし、それにまつわる解釈や説明は倫理的判断を厳しくする一面で、それを緩めもする。しかも、もし悪魔が説明不能だとしたら――不可解な謎の存在だとしたら、悪魔の行ないを非難するのに十分な根拠をどうすれば手に入れられるというのか。「悪魔」という言葉が発せられたとたん、それは鳩尾《みぞおち》への一撃のようなもので、議論はそこでお終い。味覚をめぐる議論と同じで反論は封じられてしまう。人間の言動は説明できる、だからその人は悪魔ではない。その逆に、彼らが悪魔だったら、彼らについてそれ以上議論する余地はない、とする立場がある。しかし、本書ではどちらの立場も是としない。

今日の西欧社会で、テロリストたちが引き起こす悪行には合理的な動機があると公けの場で語ることができる政治家はまずいない。「合理的」とは「推奨されるべきこと」

と言い換えてもいい。しかし、一般に銀行強盗は推奨されるべきこととはみなされないが、だからといって非合理的な行為ではない（いみじくもベルトルト・ブレヒトが「銀行強盗と銀行設立とはどこが違うのか」と言っているように）。アイルランド共和国軍（ＩＲＡ）は高邁なる政治目標をもっているが、それを実現するために残忍きわまりない手段を用いてきた。それに対してイギリスのメディアは今もなお連中を「精神病者」扱いしている。人食い鬼を真人間に変えることはできないと考えると、彼らの言動には理屈もへったくれもないということになる。

しかし、彼らもテロリストとしておぞましいことをしでかす人間なのである。もし彼らを人間でないとすると、彼らの行為に驚くいわれはないはずである。連中の凶行の数々は、いってみればケンタウロス座でもっとも明るいアルファ星が夜な夜な天空で輝いている日々の些事かもしれないのだから。

悪行の責任

刑事が「悪魔」という言葉を使ったのは明らかに確固たる信条《イデオロギー》に基づいている。おそらく犯罪者が年端もいかないので世間が許すことをおそれ、たとえ十歳でも責任能力があると主張する必要を感じたからではないか（実際、世間はそれほど優しくはなく、少年たちが保護観察処分を終えてからもなお彼らを死刑にすべきだという人々がいる)。つまり「悪」とは「その行為を説明できない」という意味で使われており、その点では真逆の行為である「善」と同じある。すなわち、しばしば「善性」は生まれながらのもので、近代哲学の巨人イマニュエル・カントもそう考えていたが、社会的要因とは無関係であるとされる。

ディケンズの『オリヴァー・ツイスト』の主人公にそれを見ることができる。オリヴァーはロンドンの最底辺の犯罪生活に放り込まれながらも悪事に染まらない。孤児院で育ったにもかかわらず、優しい心根と清廉な徳性を失わず、正しい英語が話せるという不思議な能力をもっている(同じ孤児仲間であるスリ名人のドジャーは、ウィンザー城で育ったとしてもコックニー*が身についてしまうことだろう)。だからといって、オリヴァーが「聖人」というわけではない。彼が窃盗や凶行や売春といった悪事に染まらないのは、優れた徳性というよりは、環境に影響を受けにくい遺伝子をもっているからだ。それはそばかすや茶髪と同じで生まれながらのものである。彼がついつい善行をなしてしまうのだとしたら、彼にとって徳性など耳のサイズと同程度の事象でしかないのではないか。強い意思のおかげで裏社会の悪行に染まらないというのなら裏社会などその程度のもので、彼の意思を挫くことができないというのなら悪

*ロンドンの下町言葉。強いなまりがある。

党の親玉のファギンもその程度の男でしかないのではないか。子どもの徳性が老獪《ろうかい》ならず者を知らず知らずのうちに救うなどありうるだろうか。オリヴァーの揺るぎない純真無垢《イノセンス》など、そもそも試練にさらされていないのだから評価に値しないとは考えられないか。昔ながらのピューリタンの考えによれば、徳性とは敵との戦いの中で堕落した勢力にわが身をさらすことで証明されるとしているが、それは大いに説得力がある。

「責任のあり方」に関しては、カントも「デイリーメール」*のような右派タブロイド紙も立場は同じである。両者ともに「自らの行為には道徳的に責任がある」と考える。自己責任は道徳の真髄であるからだ。この立場からすると、社会的要因を云々するのは責任回避である。保守派が言うように、多くの人々は厳しい社会環境に育っても遵法精神を身に着けるではないか。しかしこれは、一部の愛煙家が癌死しないからといって煙草を喫っても癌では死なないとする議論に似ている。

この論に従えば、アメリカで死刑が多いのは自己責任論から当然という理屈になる。すなわち、人間とは総じてわがまま勝手な（「自らが法律」と考える）存在なので、社会的要因や心理的要因を考慮に入れると、生ける屍《ゾンビ》に堕してしまうからだと。冷戦時代には、こうした考えが、人々を恐怖に陥れた。被害者はソヴィエト市民である。

＊イギリスのもっとも古い右派大衆タブロイド紙。1896年創刊。

精神年齢が五歳の殺人者も、暴力的な夫をかっとさせて暴行をうけた妻たちもゲッペルスと同罪とされたのである。これはモンスターであっても機械よりは責任能力があるという考えに基づいているからだ。

しかし「社会的な影響を受けた」か「自発的」かを厳密に区別するのは難しい。多々ある社会的な要因があれこれ解釈されてわれわれの行動に影響を及ぼすからだ。つまり、解釈というものが事を生み出す曲者なのである。ちなみにわれわれを形づくっている過去だが、それはわれわれが（無意識であれ意識的であれ）解釈した過去にすぎない。しかも、その解釈はつねに異なる。さらにいうと、社会的影響をまったく受けない人がいたら、男であれ女であれ、それはゾンビと同じく人間ではない。こうした了解に基づく社会の構成員だから、われわれは自由気ままにふるまえるのである。人間のふるまいで、社会的影響をまったく受けないものなどない。それには目が釘付けになるような極端な行為も含まれる。たとえば拷問も虐殺も多種多様な社会的技能なくしてはなしえない。いくら唯我独尊を言い張ったところで、人は石炭バケツやゴールデンゲートブリッジが単独で存在するのとはわけが違う。所詮われわれは社会的動物であり、言葉を使うことで内面の生活も他人とつながっており、それゆえ人は自発性や自己責任を云々できるのである。自発性や自己責任という言葉はハサミムシには通用しない。「責任をとる」とは、社会的要因の影響をまったく受けないことではない。それを特別なやり方で受け入れながら、社会的影響の操り人形にはならないということなのである。はるか大昔の時代においては、有象無象とは交わらない唯我独尊の存在、そうみなされていたのが「モンスター」であった。

人間は物事をある程度は自分で判断し決定できる。しかし、それができるのは奥深いところで他人とつながっているからであり、そうした他人との相互依存こそが人を人たらしめている。これまで指摘してきたように、悪魔はこれを全否定する。完全なる自己決定が悪魔の夢だからだ。それは中産階級の「神話」でもある（だから中産階級であることが悪魔だと言っているのではない。さすがのマルクス主義過激派もそれには同意しない。それはたぶんに彼らが悪魔の存在をのっけから信じていないからだが）。シェイクスピアの戯曲では、誰からも影響を受けない、自分は自分だと言い張る人物は、すべてといっていいほど悪党ばかりである。そうした悪党を悪魔だと断罪して人々の絶対的な倫理観に訴えるのもいいが、それは悪魔が大喜びする神話に迎合することになってしまう。

二人の少年が幼児を殺害した事件よりさらに三十年ほど前、一人の赤子の死に対してイギリス中を憤りの声がおおったことがある。それは、エドワード・ボンドの戯曲

＊原題『Saved』。英国の劇作家・演出家エドワード・ボンドが1965年に上演した作品。ゆりかごのなかの赤ん坊が石で撲殺される場面が批判される。

『救われて』*のなかで十代の少年たちが車に石を投げつけて赤ん坊を殺してしまうことに対して、倫理的に許せないとする反応であった。この戯曲のシーンは、悪ふざけが大事に至るという昔からの教訓を例示したにすぎない。慢性的に退屈をもてあましている若者たちがほとんど悪意もなしに蛮行に及んでしまうことを、これでもかこれでもかと念入りに目にみえるようにしただけである。よく言われるように、悪魔はひまな連中にしのびよる。だから戦争犯罪法廷に引き出されないためには、何かに集中して忙しくしているのが一番である、と。しかし実際は、さほど忙しくしていない人よりも超多忙の人のほうが厄介事に巻き込まれる。後に詳しくふれるが、悪魔は虚無の意識、無用者の意識と大いに関係している。先に挙げたボンドの戯曲のシーンも、冷徹な言い方をすれば、十代の若者たちにとっては彼らなりに言い訳が立っている。つまりイギリスの公衆には永遠に許すことができない凶行ではあっても、ごく普通のありきたりのエピソードにすぎないのである。

　これまで見てきたように、筆舌に尽くしがたい出来事はごくごく普通の行為からも生まれ、だからその行為の重さも減殺されるように見える。それは、悪魔は特別で平凡な存在だとは思われていないからだ。煙草に火をつけるのとはわけが違う。悪行が退屈しのぎであるはずがない。これも後に詳しくふれるが、そうした考えは、皮肉な

原注1　フレデリック・ジェイムソン『攻撃の寓話：ウィンダム・ルイス「ファシストとしてのモダニスト」について』Fredric Jameson,*Fable of Aggression : Wyndham Lewis,the Modernist as Fascist*（Berkely and London,1979),p.56.

ことに当の悪魔自身も抱いているのである。

実際、悪魔の行ないも悪魔的人間もこの世に存在する。これについては、心優しいリベラルな良識人も志操堅固なマルクス主義者も共に誤った考えをもっている。後に詳しく紹介するが、アメリカのマルクス主義者フレデリック・ジェイムソンは、「善と悪の古典的腑分け[原注1]」について記しているが、それによると、社会主義の勝利を善だとは考えていないと思わざるをえない。イギリスのマルクス主義者ペリー・アンダーソンは、〝善〟と〝悪〟は個人の行為に関わる用語であって、飢饉や人種差別や核ミサイルの撤廃などを〝善行〟と表現するのはなじまないという[原注2]。

今後例証していくようにマルクス主義者にとっては、悪魔という概念を否定する必要はないはずなのに、ジェイムソンと一部の左翼は否定する。それはおそらく「道徳《モラル》」と「道徳的《モラリスティック》であること」とを混同していることにあるようだ。その点からすると、皮肉なことに、アメリカの「モラル・マジョリティ[*]」と似通っている。「道徳主義《モラリズム》」は、物質的な事象とは完全に切り離された、自分たちだけの閉ざされた世界で是非を判断する。一部のマルクス主義者が倫理学に対して気が乗らないのはそのせいである。歴史と政治から人々の目を逸らすことになると見えるからだ。

だが、それはとんだ思い違いである。一般的な理解では、道徳が問題にされると、

原注2　ペリー・アンダーソン『ポストモダニティの起源』(角田他訳、こぶし書房、2002年) Perry Anderson,*The Origin of Postmodernity* (London,1998), p.65.
＊超保守のキリスト教政治団体（1979創設、1989年解散）。2004年に再結成。主張は妊娠中絶反対、国防力強化など。

歴史も政治もいっしょくたに抑え込まれてしまう。アリストテレスの倫理学はヘーゲルにもマルクスにも踏襲されている。すなわち政治的思考が道徳的思考に取って代ることはできない。アリストテレスにとって政治は道徳の一部にすぎない。倫理学は価値、徳性、資質、人間性について考え、そうした人間のありかたを称揚しあるいは抑圧する制度に対するのが政治なのである。道徳が個人的生活に関わりないのなら、政治も大衆と関わりがないことになる。「私」と「公」は別物ではなくつながっている。

超論理の存在

悪魔の問題については人によって意見が異なる。最近の調査によると、罪の意識がもっとも高いのは北アイルランド人で九一パーセント、もっとも低いのはデンマーク人の二九パーセントである。北アイルランド（主要地域はアルスター）が病的なまでに宗教的であることを初めて知った人は、それに驚かされるだろう。アルスターのプロテスタントは、人間の見方に対して快楽的なデンマーク人に比べると罪の意識がはっきりしていない。デンマーク人は、新聞を読んでいるごく一般の人々と同じように、人間の強欲、幼児ポルノ、警官の暴力、製薬会社のあからさまなウソの存在を知っているが、彼らはそれを罪とは呼ぼうとしない。それは、罪というものが他者に対する冒瀆ではなく、神に対する冒瀆と考えられているからかもしれないが、その違いについて新約聖書では語られずにいる。

全体としてみると、ポストモダンのカルチャーは、食屍鬼や吸血鬼には魅せられながらも、悪魔については語るべきものをもっていない。おそらくそれは、ポストモダンの男も女もクールで腰掛的でいい加減で、破壊力を秘めた深みに欠けているからだろう。ポストモダニズムにとって罪を贖《あがな》うべきものは何もないのだ。いっぽうモダニズムの真っただ中にあった人たち、フランツ・カフカやサミュエル・ベケットや初期のT・S・エリオットらにはそれがあったが、それを明示するのは厄介である。たとえばベケットが描く孤立した荒涼たる光景は救済を求めて叫んでいるかのように見える。しかし、その救済は罪の深さを前提にしている。同じくベケットが描く、消耗し骨抜きにされた人物はあまりにも無気力でほとんど軟弱な不道徳者といっていい。自ら首をつったり、無辜の人々が暮らす村に一人で火をつける気力もない。

しかし、悪魔の実態を知るのに説明を尽くす必要はない。そもそも超自然的なものだと前提しなくとも悪魔の実在を認めることはできる。そのために〔悪魔の身体的特徴とされる〕割れた蹄をもつ魔王《サタン》を見つける必要はない。一部のリベラルな良識派やヒューマニストたちは、自由気ままで開放的なデンマーク人と同じく、悪魔の存在を認めない。悪魔という言葉を持ち出すことで、社会的な不運を背負っている人々がないがしろにされることをおそれるからだ。その根拠とされるのが堅苦しい名前の「地域活動徳目理論」である。だが悪魔の存在を認めないことは、市営住宅に住むヘロイン常習者に対しては意味があっても、連続殺人犯やナチのSS*には妥当ではない。必ずしも社会的な不運からSSになったとはいいがたいからだ。クメール・ルージュ**を十代の非行少年が悪の世界から足を洗えない状況と同じレベルで扱うのは控えるべきである。

悪魔は日常生活の諸条件を超越した存在ではあるが、それでも本書では、基本的には神秘的な謎の存在とは考えない。たしかに少々ずれながらも一定の枠に収まることはない、一人わが道を行く、多くのものを打ち壊そうとするという意味では、悪魔は超論理の存在である。だからといって、超自然とか人間性を完全に欠いているわけではない。多くの事象――たとえば芸術や言語表現――では社会的現実の影響を受けている。いきなり天からふってきたわけではない。全体としては普通の人間と何ら変わらない。歴史的なものと超越的なものとを対立させる必要がないとしたら、それは歴史自体が自らを超えていくプロセスだからである。人間とは不断に自らを乗り超えることができる歴史的な動物である。人間が「水平方向」に超越する存在であるとした

*ナチ（国家社会主義ドイツ労働者党）の親衛隊。ハインリヒ・ヒムラーが指導者。
**カンボジアの軍事政権ポル・ポトが組織した政治・武装組織。残忍な大量殺戮で知られる。

ら、悪魔は「垂直方向」に超越する存在だと考えたらいいのではないか。「魂」から「心理」へ、人によっては「神学」から「精神分析」へ――現代はこの流れを見届けてきた。多くの点で後者は前者の代替物である。両者ともに人間の願いと望みをめぐる解釈の物語だが――違いは、信仰にとってそれは神の国のなかで達成され、かたや精神分析ではそれは絶望的にも叶うことはない。その点からすると、精神分析は人間の不服・不満に関する科学と言えるが、神学もまた同じである。フロイトが言う鬱やノイローゼは、キリスト教で昔から知られてきた原罪の意識と同じ役割を果たしているからだ。

どちらの場合も人間は病んで生まれてくると考える。だが、そこから救われることはない。幸福にはとても手が届かない。それを手に入れるには、心の痛みを伴う自らの解体と改造を余儀なくされる。それをキリスト教では回心《コンバージョン》と呼ぶ。両者の考えは――「解きがたい無意識」か、あるいは「深遠なる神」か、その呼び方は別にしても――ともに最終的には厖大な人間の知識をはるかに超えたところへといきつく。通過儀礼、信仰告白、破門が用意されていて骨肉相食む状態に追い込まれる。また世間の良識的で頭の堅い連中から嘲りと根深い疑いをかけられるという点でも似通っている。

私が本書で開陳したい悪魔をめぐる議論は、フロイトの考え、とりわけ死の衝動をめぐる彼の考えに多くを依拠している。しかしながら、私としては、これまでなされてきた数多くの考察を踏まえて論証するつもりである。私の手法で優れている点があるとすれば、悪魔をめぐる最新の議論よりもアプローチの幅が広い点だろう。悪魔について大いなる関心を抱いた哲学者カントからも、そしてホロコースト*からも十分に距離をおいている。

さて、悪魔はつまるところ死にいきつく——悪魔の行ないをする人の死だけでなく彼らの犠牲となった人々の死に。その意味するところを探るために、まずは小説にいくつか題材を求めて見ていくとしよう。

*第2次大戦中にナチス・ドイツが行なったユダヤ人などへの大量虐殺。

悪魔と小説

第1章

『ピンチャー・マーティン』──命なき塊り

主人公が最初の数行で死んでしまう小説はめったにない。登場人物がたった一人という小説はもっと少ない。ジェーン・オースティンの『エマ』の主人公エマ・ウッドハウスは第一章で首の骨を折る。ヘンリー・フィールディングの小説では主人公のトム・ジョーンズは冒頭の数行で死んで生まれてくる。ウィリアム・ゴールディングの『ピンチャー・マーティン』もそれらとどこか似ていて、男が溺れている次のシーンで始まる。

男はやみくもにもがいていた。それは身体をねじまげ足を蹴り続けるひとつの塊りだった。上も下もなく、光も空気もない。口がひとりでに開き、そこから言葉がほとばしり出た。「助けてくれ!」

この男、クリストファー・マーティンは、助けも望めない大海原のど真ん中でもがいているのだとしたら、この小説は間違いなく超短編で終わるはずである。ところが、彼は驚くほど沈着冷静に防水長靴《シー・ブーツ》をぬぎ、救命ベルトを膨らませて、なんとか近くの岩礁へ泳ぎつき、しばし命を永らえようとする。だがその努力は無駄である。当人にその自覚はないが、彼は靴を脱ぐ前に死んでいたからだ。読者もまた小説の最後の最後でそうと気づかされる。実はマーティンは妄想の岩礁をよじ登ろうとしていたのだとわかって、生ける屍であることを知るのである。

『ピンチャー・マーティン』は死を受け入れようとしない男の物語である。この好色で人たらしの海軍士官の回想から、読者は、そもそもこいつは生きた実在の人間ではないとじきに気づく。彼の同僚は言う。「やつは口とファスナーを開け、獲物をつかもうと両手を広げて生まれてきた」と。岩礁に一人取り残されるシーンは、彼が人を食い物にしてきた唯我独尊の存在であることを示している。すなわちマーティンにとって、他人は自らの利益と快楽のための道具でしかなく、岩礁の上で消耗した自分の身体を錆びついた機械の断片のように使ってさまざまな目的を果たそうとする。肉体的表現にあふれたこの小説では、主人公の動物性——いかに自己保存本能にきわめて忠実な生き物であったかが明らかにされる。当人には自覚はないが彼は死んでいる。肉体死とは肉体を意味をもたない物質の断片にしてしまう、つまり物質と意味の分離をあらわしているからだ。

マーティンは自らの肉体から離脱してその内側に座りこみ、クレーンを操縦するように、自らの四肢をレバー代わりに操る。悪魔は、肉体と精神の隙間——支配と破壊を目論む抽象的な意思とそれが宿る意味をもたない肉体の断片の隙間に入り込む。マーティンにとって、物事は自然に見えるものではなく、じっと目を〝凝らす〟ものだった。彼が生きていたとき、他人の肉体は、存在など認めずに、彼の欲望を満たすための単なる道具でしかなかった。ところが、皮肉なことに、今度は自らの肉体を、他人の肉体のように扱うはめになった。疲労困憊の極にある彼は、意思の力で四肢を動かさなければならない、かつて他人の肉体を扱ったように。もとより彼の肉体は彼の存在基盤《アイデンティティ》の要素たりえない。それは自我が生まれる場所というより、自我との闘いの場である。彼のなかでたぎりつづけているのは、生き残りたいという強烈な意思・意欲であり、さながら暴君となって自らの肉体を製材機械のごとくに乗り回す。その意思と意欲はあらゆる自然界の掟を超越しており、とどまるところを知らない。いわばそれは世俗の神のような存在で、やがてマーティンはそれに対する生死をかけた闘いの渦中にいることに気づくのである。

この難破船の水兵は、容赦のない苛烈な衝動によって支えられた命なき塊りである。彼の衝動が存在している場所を、この小説では、〝暗い中心《ダーク・センター》〟と呼んでいるが、それはマーティンの頭蓋骨のなかのどこかで、唯一そこだけで彼は実際に生きているらしい（ただし、後にそれは彼の幻覚であると判明するのだが）。

この〝暗い中心〟とは主人公のモンスター的自我なのだが、自らその所在を示すことはできない。実際に起きた事象を道徳的に見ることでしか、そのありようを知ることはできない。そもそも人間の意識を後ろに回ってつかむことはできない。自分のことを考えているときに、その自分を認識することはできないからだ。そこから意識が生じる暗い場所があるという感覚もまた意識のなせるわざである。それゆえ暗い場所はとうに手の届かないところにある。それどころか、ピンチャー・マーティンは、自分が何のために存在しているかを認識することすらできない。もしそれができたら、人を食い物にする性癖を自覚することになり、彼は大いに悔いて本当に死を選ぶことだろう。だから彼は自らの頭蓋骨のなかにそそくさと潜り込んだのである。

そして、彼にとってなぜか馴染みのある形の岩礁も、ガムに残された自分の歯の形をしているのである。彼は文字通り自らの頭の中で生きている。地獄とは、ジャン＝ポール・サルトルが言うように、他者のことではない、むしろ逆である。地獄とは、もっとも憂鬱で退屈きわまりないもの、すなわち自分自身を永遠に背負い込むことなのである。

死んでいるのにそれを断じて認めない人物を主人公にしてこの小説が描こうとして

いるのは、おぞましい啓蒙主義者のイメージである。それは、いかにもゴールディングのような保守的なキリスト教厭世主義者《ペシミスト》が描きそうな、人間性解放の力強い流れに乗った極端な人物像ではあるが、その無味乾燥な側面を実に端的にとらえている。マーティンは、自分自身と他人の身体をふくむ世界を、彼の傲慢な意思でなんとでもなる無価値なものとしてしか見ていない。すべては彼の傍若無人な自己利益の対象でしかない。彼もまた、後の時代の植民地主義者のクルーソーのように、一人取り残された岩礁のあちこちの部位に名前をつけ、それらを事細かに秩序づけることで、岩礁を実効支配しようとする。彼がそうしてとことん効率と合理性を追い求めるのは、まるで自分が死んでいることから目を逸らすためのようである。その意味で、ロンドン郊外の大工の能天気さで、絶海の孤島で木を切り倒して防御柵をつくるロビンソン・クルーソーに似ていると言えよう。いささか異国趣味《エキゾチック》の設定ではあるが、頑迷なアングロサクソンの実用主義を垣間見させてくれ、そこにはどこか穏和な狂気も感じさせる。

　実際、マーティンが高く評価してやまないのは実用的な知恵である。奇妙なことに、彼は自分をプロメテウスになぞらえている。プロメテウスは啓蒙主義にとっては偉大な英雄であり、カール・マルクスもお気に入りの神話上の人物である。岩につながれながら神々に従うことを拒絶、「降参すれば許してやる」と誘惑の言葉を耳元でささやかれても、断じて自らに対して手を緩めようとしない。たとえそれが死につながろうとも。これまですべては自分自身でなしてきたことであり、たとえ岩にしばられて拷問の半生を送ろうとも、彼にとってそれは至上の選択なのである。

　マーティンが死ぬことができないのも、自分は優れた存在であり永遠に消え去ることなどできないと思っているからである。しかし、いっぽうで彼が死ねないのは、愛がないからでもある。ただひとつの善なる行ないは、死ねることである。マーティンが死に身を任せることができないのは、自分を他者に委ねることができなかったからだ。つまり、死に方はその人の生き方によって決まる。死とは自己解放の一つの形であり、首尾よくやろうと思うのなら、生きているうちに何度も稽古《リハーサル》をしなければならない。さもないと、地の果てまで行くというよりも行き止まり《カル・デ・サク》で立ち往生することになる。「他人のためにある」ということと「死に向きあう」ということは同義である。『ピンチャー・マーティン』は地獄について書かれた小説だとしばしば見られているが、実際は煉獄の物語である。煉獄とは、あれこれ不名誉な懺悔をしてから名前を呼ばれ恥じながら天国へと振り分けられるのを待つ控室ではない。キリスト教の教義においては、そこは死の瞬間であり、自分にはどの程度の愛があって、そのおかげで苦しみから逃れられるかどうかがわかる。他者のために死を積極的に捧げた殉教者たちは、だから伝統的に天国へ直行できるのである。

マーティンは地獄にはいない。彼は死に瀕しているけれども、自身の痕跡を亡霊のようにとどめている。地獄とは生命のない完全なる寂滅の世界である。人は借金や愛や絶望といった現実世界の場所にいるのであって、地獄に人は存在しえない。昔ながらの神学からすると、地獄にあるということは、神の愛があると思われる状況下にあえてそれを拒絶して神の手から堕ちてしまう状態をさす。その意味では、地獄とは、人が想像しうる自由へのこれ以上ない賛辞といえよう。造物主の甘く優しい言葉を拒絶するには、人はよほど強くなければならないからだ。

だが、神の外に生命はないのだから、つまるところ地獄とは死滅であって不滅ではない。地獄の業火とは、それに耐えられない人々を焼き尽くすための神の冷酷な愛の焔である。地獄に堕ちた呪われた人々は、神による悪魔的なテロ行為を体験する。すなわち五体バラバラになることを強制的に勧められるのである。神の愛と慈悲は彼らを見放すことで、彼らの最も大切な所有物〔である肉体〕から離脱させる。こうして、地獄の業火に怖れおののく彼らを安堵させる。彼らにとって朗報は未来永劫にわたって焼かれずにすむことであり、逆に悲報は五体が無に帰してしまうことである。

このことが、おそらく最終的に主人公のクリストファー・マーティンにも起こるのだが、われわれ読者には定かでない。彼の友人のナサニエルは、持ち前の不器用で粗野で単純な性癖から、オセロの存在に堪忍袋の緒を切らせたイアーゴよろしく、業を煮やして、究極の解決策として「死んで天国に行く方法」をすすめる。これに対してマーティンは、ナサニエルを殺そうという、イアーゴに比べると潔いとはいえない方法で応えようとする。状況がもつれるなかで、ナサニエルは、神の愛がどう示されるかについて語る。「まったく見えない。姿も形もない。わかるか。そいつは黒い稲妻みたいなもんで、俺たちが命と呼んでいるものをことごとくぶち壊すのさ」。すなわち、神とは崇高なる無である。愛のテロリストであり、その無慈悲きわまりない許しは、踏んぎりのつかない人々をとことん痛めつけるに違いない、と。

地獄に堕ちた呪われた人々は、神の〝善なる〟無限性と〝悪しき〟無限性の両方を体験する。言ってみれば、美術史家が（高峻な山や大海の嵐や、無窮の大空を）崇高なるものと呼ぶときに、畏怖か讃美か、あるいは両方をもって語るのに似ているかもしれない。

地獄に堕ちた呪われた人々は、かのファウストと同じく、自尊心の高さから物事の限界を認めようとしない。なかんずく自分たちが創造するものが有限であることは認めたがらない。だから、自尊心は悪魔の行ないのもととされる。また死を怖れることもそうだとされる。死は人間にとって絶対的な限界だからである。この小説において、神の〝善なる〟無限性は、生きる能力のないマーティン自身の〝悪しき〟無限性と対極に擬されている。マーティンは大団円でこう叫ぶ。「おまえ〔神〕の哀れみなんてクソくらえだ！　おまえの天国なんてクソくらえだ！」。何条もの黒い稲妻が、裂け目や弱い個所があればそこを貫こうと、周囲で無慈悲にも彼をいたぶる。マーティンは巨大なロブスターの二本の鋏となって、逃げ惑う彼の自我である〝暗い中心《ダーク・センター》〟の上に甲羅のよう覆いかぶさる。黒い稲妻は鉤爪を探りあてて、それを解きほぐそうと執拗に迫ってくる。

そこには中心と鉤爪しかなかった。鉤爪は巨《おお》きく強そうで真っ赤に燃えていた。右の爪と左の爪がしっかり組み合わさりしっかりと結びあう。絶対的な無にあらがってさながら夜間信号の形を描きながら、左右の爪は力のかぎり互いを握りあった。（中略）と、そこへ稲妻が忍びよる。中心の関心は鉤爪と脅威にしか向いていない。（中略）（稲妻の）何本かは中心をめざし、それを貫こうとねらう。他の何本かは鉤爪をねらって戯れ、弱そうな個所をさぐりながら、執拗に、そして非情なる哀れみをもって、それを消耗させていく。

ここがわが主人公の臨終の場面だが、黒い稲妻がうまく首尾を果たしえたかは読者には不明である。ひょっとしてマーティンは完全に無に帰していないかもしれない。神の非情なる愛を意味する稲妻は、彼にとっては、悪しきものなのか良きものなのか――彼を跡形もなく消滅させるものか、それとも回心させるものかは定かでない。だから、『ピンチャー・マーティン』は地獄の物語ではないのである。

最後に、この小説の恐るべき黙示録的な結論が示される個所がある。すなわち黒い稲妻が繰り返し破壊の動きをはじめると、岩礁と海は単なる紙切れの虚構《フィクション》であると明かされるのである。

海は動きをやめ、凍りつき、紙になった。紙は黒い一本の線で引き裂かれた。岩礁も同じ画用紙に描かれていた。海は全体に傾いていたが、岩礁に開いている黒い割れ目へ天辺から下り落ちるものは何もない。それは、これぞ割れ目という完璧さで、重ねていうがリアルそのものだった。(中略)これ以上の黒はない漆黒の線条が岩礁へ向かって落ちたが、それは絵に描かれた海と同じく実態はないと知れた。それらが破片となって消え失せると、鉤爪のまわりに紙のようなものでできた島があるだけで、それは、中心にとっても無であるとわかっている状態でしかなかった。

マーティンが自分で創りあげた世界とは、中身がないまさに虚構《フィクション》だと判明する。死という堪えがたいものになんとか抗おうとした妄想《ファンタジー》でしかない、と。最後で明かされる場面はとりわけ力強い描写で、読者の情感に余韻をもって訴えてくる。ギザギザにとがり凍てついた、ぬめぬめした岩礁のリアルさ。しかし、その存在感すらも幻影《イリュージョン》なのである。悪魔ははっきりと実態をもって現われると思われるかもしれないが、実際にはクモの巣のように見えづらい。いっぽう、もうひとつのネガティブなるもの――黒い稲妻に象徴される神の愛――は実在する事物以上にリアルなのである。

ゴールディングが主人公につけた名前にはある重要な意味がある。この小説が出版されるほんの少し前、第二次世界の終結にむけて起きて話題を呼んだ「ミンスミート作戦」について書かれた本が刊行された。それは、英国海兵隊将校の制服をまとった死体が同国軍によってスペイン沖に捨てられ、彼が所持していた手紙に書かれていたた連合国軍のヨーロッパ進攻の偽の上陸地点が、敵国ドイツをまんまとだました謀略だったというものだが、その死体につけられた偽名《コードネーム》がウィリアム・マーティンであった。

この謀略の当事者の一人であるユーエン・モンタギューが描いた『実在しなかった男《ザ・マン・フー・ネヴァー・ウォズ》』の新版に寄せた「まえがき」では、ジョン・ジュリアス・ノーウィッチは、いまなお出自は秘匿されたままの死体の本名はジョン・マクファーレンなるスコットランド人とおぼしき人物であったとほのめかされている。[原注1] またモンタギューの前掲書の写真には、他にも死体の主がスコットランドはヘブリーズ諸島の出身であることが暗示されている。ヘブリーズ諸島といえば、『ピンチャー・マーティン』の舞台で、マーティンの故郷と思われる。「ミンスミート作戦」では、一人の死人が、ドイツ軍を連合国軍の真の上陸地点から転進させることで、数千の命を救ったが、ゴールディングの小説では一人の死人が自分は救われると信じてやまない。しかし、彼は初めから生きてはいない。ピンチャー・マーティンは存在しなかった男《ザ・マン・フー・ネヴァー・ウォズ》なのである。

『蝿の王』と『後継者たち』

ゴールディングは他のいくつかの小説でも、古くから知られる原罪に言及している。たとえば『蝿の王《ロード・オブ・フライズ》』は、〝人間の心の暗部〟を描いた重厚な寓話《ファーブル》である。絶海の孤島

原注1　ユーエン・モンタギュー『実在しなかった男』Ewen Montagu, *The Man Who Never Was*(Stroud,2007),p.ix.

に漂着した高校生たちが文明的な秩序を打ち立てようとして、当然の成り行きとして暴力とセクト主義に陥るはめになる。私が重厚な寓話《ファーブル》と呼ぶのは、文明など薄っぺらなものだからで、文明社会を打ち立てようする人々も一部が文明化され動物にすぎないのは明白だからだ（子どもたちがそのいい例である）。ジョージ・オーウェルの小説『動物農場《アニマル・ファーム》』が描くように、人間など農場の動物と同じように自らを処することなどできないのは明らかだからだ。どちらの小説も、寓話《ファーブル》という形をとって、道徳《モラル》がもたらす結果についてその核心を見事についている。

ゴールディングの小説『後継者たち』では、「堕落していない」先住部族が、危険で破壊的な文明をもつ部族と出会うなかで堕落する瞬間が描かれる。後継の部族は言語能力に優れていたことから物事を抽象化し技術革新を推し進める。そのなかには、殺傷力の高い武器の開発もふくまれる。さながら、コミュニティが進化すればするほど自然とのつながりが断ち切られ、すべての成果と損失が背中合わせになっている不確かな歴史を歩むことになる。

神学的な正確さをもって定義すると、堕落とは、下へ向かうのではなく上へ向かって堕ちていく状態を指す。つまり、〝幸運な過ち《フェリクス・キュープラ》〟とでもいうべきもので、人間は自然界と無垢な動物から上に向かって、明るく悩みながら不安定な歴史へと堕ちていくのである。それは、ゴールディングの別の小説のタイトル――自由なる堕落《フリー・フォール》と言い換えると、さらに定義が明確になる。

ゴールディングは『自由なる堕落』で原罪について考察を加えているが、それはあのぬめぬめした爬虫類と禁断の果実とはおよそ関係のない、微妙きわまりない状態についてである。ここでいう「原罪」とは、「物事の根本」であって、「物事の始まり」ではない。この小説が扱う「堕落」とは、人間が自由であろうとすると不可避的に起きる悲劇と搾取に関わることである。

すなわち、われわれ人類は自己矛盾の動物で、物事を創造する力も破壊する力もほとんど同じところから生みだされる。哲学者ヘーゲルの見るところ、悪魔が栄えるほど個人の自由も栄える。言葉を獲得した生き物は、言葉をもたない生き物を圧倒的に凌駕することができる。神にも似た創造力を手に入れることができる。しかし、創造の源泉はほぼ同時に深い危険をともなっている。この生き物には発展・成長を急ぎすぎるきらいがあり、やりすぎると元も子も失う。人間性についても、自己否定や揺り戻しが働く。

聖書のなかの堕落にかかわる神話でも、それがテーマ化されている。アダムとイヴが創造力をつかって自らを破滅させるのもその一つである。そもそも人間はファウスト的な存在で、自分がよりよく生きるために貪欲なあまり、とどまることを知らない。物事には限界がないと信じて、有限なものには冷淡をきめこむ。しかし無限とはつきつめれば無の一種であり、無への願望は、後にふれるフロイトのいう死の衝動につながるものである。

このファウスト的幻想《ファンタジー》は、肉欲を忌み嫌うピューリタン*と相反することになる。無限を手に入れるには（その典型がアメリカンドリームだが）、われわれの惨めなできそこないの身体を超越しなければならない。資本主義をそれ以外の体制と区別するものは、不確かで自己矛盾にみちたわが人類のあり方に手を突っ込んだことである。無限——利潤に対するあくなき衝動、技術革新への際限のない追求、資本の永遠の増殖力——は、つねに有限なるものを打ちくだきすぎる危険を伴う。アリストテレスが本来的に限界がないとした交換価値だが、それが使用価値を圧倒支配する。資本主義とは、それがいつまでもつづくための永久運動を必要とする体制である。すなわち、永遠の違反・違約をつづけることがその本質である。人間が潜在的にもつ素晴らしい力を簡単に悪用できることを、これほどわかりやすく明らかにした歴史的制度はかつてなかった。

資本主義とは、能天気な左翼たちが夢想しがちな〝堕落〟が生んだものではない。

＊英国のイギリス国教会に対して宗教革命を主張したプロテスタント諸派、「清教徒」と呼ばれる。

人類の歴史のなかで、言葉をもった生き物のなかにある相矛盾するものが打ち立てた最悪の体制の一つなのである。

トマス・アクイナスによれば、理論と肉体とは密接な関係にある。簡単にいえば、われわれがそう考えるのは、そうした生き物だからである。ちなみに、物事は特殊な状況で進むと考える。われわれは内側の特別な視点から世界を見る。それは真実をつかむのに障害とはならない。いやむしろ真実を知る唯一の方法である。われわれが唯一知り得るのは、われわれのような有限の存在にこそふさわしい真実でしかない。天使の真実でもなければアリクイの真実でもない。しかし、超人は、この考え方を受け入れようとはしない。彼らにとっては、あらゆる視点を超越した唯一の真実こそが本物だからだ。

唯一の視点とは神のそれである。しかし、その視点をもったとしてもわれわれ人間には何も見えない。人間にとって絶対的な認識とは完全なる盲目状態と同じだからである。人間が限られた状況から超越しようとしても、結果は、何も見えないことをよりはっきりと確認するにすぎない。神になりたいと切望しても、アダムとイヴのように、結局は自らを破滅させ、イチジクの葉がなくてもへいちゃらな性的な罪意識ももたない下等な動物に成り下がるだけである。

とはいっても逸脱はわが人間の基本的習性でもある。それはわれわれのような頭をつかう動物にとって永遠に起こりうることだ。われわれは物事を抽象化することなしには思考できない。だから、目の前の物事にとらわれずに先を見ることができる。仮りに町全体を焼き尽くすという考えに至ったとしても、それは行きすぎだと認識できるのはそのためだ。われわれには誤った方向へ行く可能性がつねにあるが、それを予測する能力が与えられている。理性が働くのはそれがあるからである。

もうひとつ、自由と破壊も密接な関係にある。人間の社会は、クモの巣のように多くの人の暮らしが複雑に入り組んでいて、ある個人が自由意思で行動を起こすと、まったく予期もせずに多くの名も知らぬ人を殺傷するかもしれない。また、逆に彼らがよそ者としてわれわれに害を及ぼすこともある。われわれと他者が過去に自由に行なったことが、どこで誰がどう関わったのか不明なまま、いまになってわれわれの前に御しがたい運命の力として立ちふさがる。その意味では、われわれは自業自得の生き物である。このように一種の自己疎外がわれわれの生き方には埋め込まれている。

トーマス・マンの小説『ファウストゥス博士』で主人公のアドリアン・レーヴァーキューンは言う。「自由とはつねに弁証法的に反転する」と。だから、原罪は昔から自由気ままな行ない（リンゴを食べるとか）をめぐる問題だが、同時に誰も選んだわけでもなく誰の過ちでもない。それは過ちを犯したり人を傷つけたりすることもあるので「罪」といえなくもないが、意図された悪行ではないので「罪」ではない。それは意識的な行為というよりも、フロイトのいう欲望のように、われわれが生まれながらに持たされている〔人としての〕共通項である。

われわれの生命はまじりあっていることが、われわれを一つにまとめる力の源である。しかし、お互いを傷つけあう根っこでもある。哲学者のエマニュエル・レヴィナスもこう記す。「ちなみに他者から訴えられるということは、他者と根っこでつながっているからだ」[原注2]。ジェイムス・ジョイスの『ユリシーズ』の感動的な場面で、忍耐づよいユダヤ人主人公のレオポルド・ブルームは憎しみに代えて愛をつよく訴える。これに共感はできるが、正解なのか。

正統派のフロイト主義者たちは、愛は憤りや攻撃と背中合わせだと見る。オスカー・ワイルドにいわせると、われわれは愛するものをつねに抹殺するという。これも正解とは思えないが、ただ確実なのは、われわれは愛について二律背反の感情をもつということだ。愛とはわが身を危険にさらさねばならないほど厄介なプロセスだとすると、そうした感情を抱くのは驚くにあたらない。小説家のトマス・ハーディによれば、自らの自由か他者への思いやりかの二つを使い分けて事にあたることで、結局われわれ

原注2　エマニュエル・レヴィナス『存在の彼方へ』(邦訳、講談社ほか) Emmanuel Levinas, *Otherwise Than Being* (Pitsburgh,1981), p.192.

は周囲に危害を与えないかぎり一インチたりとも動くことができない苦境に陥るはめになるという。

「人は互いを殺し合わないかぎり前へ進むことができないらしい」と、ゴールディングの『自由なる堕落』で主人公のサミー・マウントジョイは叫ぶ。そこから、人は存在するだけで罪を負っているという感覚が生まれるまでには、あとほんの一歩である。これが原罪という考え方の由来である。「罪の意識はわれわれのなかで再生産される」とテオドール・アドルノは記す。「（略）われわれの存在をめぐって何が起き、何につながっており、なぜ何も悪いこともしていないのに辛い目にあうのかを知ったとたんに。（略）もし人がつねに物事のありようを知ることができるとしたら、とても生きていくことはできないだろう」[原注3]。アドルノの言うとおり、悪いこともしていないのに辛い目にあうことこそ原罪の本質である。古くから悲劇をテーマにした芸術では、当人には何の咎もないのに他人の過ちを肩代わりする「生贄《スケープゴート》」を「無実の罪人」として扱ってきたのと、よく似ている。

原罪とは

ローマカトリックの不合理きわまりない「無原罪懐胎*」説もしかりである。キリス

原注3　テオドール・アドルノ『否定弁証法』（作品社、1996年）Theodor Adorno.*Negative Dialectics*(London,1973),p.156.

＊聖母マリアが、神の特別なはからいによって原罪の汚れを一切受けていなかったとする、カトリック教会における教義。

トの母親のマリアが原罪なしで受胎した根拠とされるものだが、これは言ってみれば、原罪とは一種の不運な遺伝子欠損、つまり不運にも肝臓なしで生まれてきたことと同じようなものと考えられる。ただし、原罪には、聖なるものも悪なるものもない。とにかく生まれたという事実があるだけである。生誕とは、あらかじめ誰かに相談をすることもなしに、いきなり欲望と利害得失がうずまくクモの巣へ投げ込まれ、もつれた関係のなかで自我《アイデンティティ》の形成がはじまる瞬間である。だから、ほとんどのキリスト教会では、赤子が生まれたとたん、罪の何たるかやそれ以外の事象について知るはるか以前に、洗礼が施される。そうして赤ん坊たちは、何も知らないうちに、一気に世界をいいように上書きされてしまうのである。精神分析学の理論にしたがえば、人間は赤子のときにすでに他者と身体でつながりたいという衝動の見えざるネットワークに組み込まれていて、それが絶えざる悩みの種となるとされる。

原罪とは人類最初の両親からの遺産ではなく、われわれの親たちが代々引き継いできたものである。われわれは過去によってつくられている。わが祖先たちは、われわれの何気ない日常や潜在的な欲望やよこしまな行動に潜んでいる。そもそも初期の頃の祖先たちの愛の営みは、手の付けられない赤子と同じで、欲望の赴くままに見境いがない。つまり愛とは名ばかりの欠陥だらけの行為である。原罪の考えからすると、そこに人の本質があるのだが、それは誰の責任でもない。愛とは、われわれが繁栄するために必要なものである同時に、われわれが間違って生まれてしまった原因でもある。唯一の救いがあるとすれば失敗から学ぶことだが、それがうまくなされることはもちろんないだろう。

かつてジャン＝ジャック・ルソーは、人間は生まれながらにして自由であるという誤った考えを抱いた。だからといって、人間は生まれながらにして罪を負っていることを意味しない。言葉をもたない生き物——これは〝赤子〟を意味するが——には、このことは通用しない。神学者のハーバート・マッケイブが述べているように、たしかに「誰もが無原罪懐胎する」[原注4]。たとえそうだとしても、道徳的に有利になったことにはならない。なるほど赤子には罪がない（どころか無害である）。それはカメの行動と同じだが、マシンガンを市民に向けるのを拒否する大人のふるまいとは同じではない。罪がないことで、人は誉れや信用を得ることはない。われわれは、生物学的に見て、生まれながらにして自己中心的である。エゴイズムは自然の摂理だが、神のようにふるまうには多様な技を学び磨かなければならない。男と女は深い相互依存のなかで子づくりをなす——人間の自主自立に過剰な価値をおく小市民《プチブルジョア》志向のルソーにとっては恥知らず《スキャンダラス》な真実だが。

原注4　ハーバート・マッケイブ『道理にかなった信条』Herbert MaCabe, *Faith Within Reason* (London, 2007), p.160.

しかし、原罪の意味するところからすると、そんな自主自立話は神話にすぎない。原罪はもっと根本的な概念だからだ。それは、自分のやったことだから自分のものだという個人主義的考えに疑問を呈す。死刑についても異論を投げかける。当人に責任がないとは言っていない。ただ自らの行ないだから自分のものと言うのは単純すぎる。物凄い数にのぼる人間の言動やそれへの反応に対して、いったい誰が自分だけでやったと言い切れるだろうか。『蝿の王』で心優しいサイモンを殺した責任は誰にあるのか？　自分の責任が（あるいは利害が、願望が、関与が）どこまでで、あなたのそれがどこからかを詳《つまび》らかにするのは容易ではない。「この場で動いているのは誰なのか」「この場で思いを遂げようとしているのは誰なのか」を言い当てるのは簡単ではない。

原罪に関しては、さらに付言すべきことがある。これまでも指摘してきたが、われわれはつねに以下のことに留意しなければならない。すなわち、「人間の欲望のあくなき追求、迷信と偶像崇拝の蔓延、不祥事の受容、圧制と不正義の容認、公徳心の欠如、権力の乱用、思いやりの欠如、私利私欲の横行[原注5]」。これらはいずれもわれわれが現状を変えるのに無力である証を意味しない。むしろ、われわれ自身の情けない歴史を素直に見つめることなくして、現状変革はないことを意味している。なおそこから除外すべきは、社会主義やフェミニズムの可能性ではなく、ユートピアの可能性であ

原注5　テリー・イーグルトン『イエス・キリスト』Terry Eagleton,*Jesus Christ:The Gospels*(London,2007).

る。大きく変わることができないのが、人という種がもつ否定的な特性だからだ。愛と死があるかぎり、たとえば大切な人を失う悲しみがついてまわる。われわれが大切にしているものを犠牲にしないかぎり、暴力を根絶することはまずできない。だが、人の死と病苦はわれわれの力ではどうにもならないかもしれないが、社会的な不正義に対してはそうとは限らない。

その上で言えば、変えられないものがあることは、けっして悪いことではない。新しいことが善だとする社会的秩序だけがこれを否定したがるが、そういう考えはポストモダン主義者がもつ多くの勘違いの一つにすぎない。赤ん坊が栄養補給を必要とする事実を変えられないからといって、歯嚙みをして悔しがってもはじまらない。「すべてが永遠不変につづくはずがない」は政治的左翼が犯す誤った考えである、歴史においては少なくとも持続することは変化と同じく重要な要素である。多くのものが変わらずにつづいていることは素晴らしいことである。それは人間の文化には深く根付いていて、たとえば満月だからといって多くの人が定期的に死ぬわけではないが、でも満月の日にはポストモダン主義者でさえ気分がすぐれない。耐えしのぶことと変化することに優劣はなく、意義のあるなしはそれぞれの内容次第である。だから変化は革新的で、片や変わらないことは保守的だとする説はまやかしにすぎない。リチャード・

J・バーンスタインが言うように、「人間とはこういう存在であるときめつけ」[原注6]、そこから悪魔を見る誘惑に駆られてはならない。われわれはそれを抱えて生きなければならない。

だからといって、なにもすべきことはない、ということにはならない。たとえば病気は耐えなければならないものではあるが、宿命論にかられて医者に病いを退治することを諦めさせていいことにはならない。人はつねに血なまぐさい抗争に巻き込まれるが、だから争いを解決する努力をしなくていいことにはならない。正義への希求も人がもちつづけている特性である。歴史的に見てもそれは確認できる。したがって人間とはこういう存在であるときめつけるのは、悲しむべきことである。それは独善《ドグマ》であり、諦めの境地から認めてはならない。

同じような一知半解な独善《ドグマ》に、違いと多様性はつねに称揚されるべきであるとするポストモダンの考え方がある。それはおおむねの場合、間違いはない。しかし、もし人類のほとんどが陽気なラテン系だけで性的偏執者が少数ながらあちこちに散りつづけたら、大規模な傷害や殺戮は避けられないだろう。やがて彼らは千の身内集団《セクト》に分裂し、互いに歯の先まで武装し、生活様式《ライフスタイル》について事細かに違いを極めるようになる。だが、その身内意識は、ある集団が縄張りを強烈に主張する別の集団と出会ったとき

原注6　リチャード・J・バーンスタイン『過激な悪魔』Richard J.Bernstein, *Radical Evil*(Cambridge,2002),p.229.

には、何の役にも立たない。両者の対立はおおむね政治的な形をとるが、それがうまく解決されることは考えにくい。強力な肉食動物を前にして、われわれのなかに本来備わっている恐怖や不安や敵対心を覚える性癖が目覚めさせられるからだ。それこそ、われわれが進化するための有力なバネでもあるのだが。

それでは、原罪という概念の検討に戻ろう。ゴールディングの『自由なる堕落』で主人公のサミー・マウントジョイは、自らの存在をめぐる複雑怪奇な関係性をときほぐそうとして、自由を失う瞬間をめざす（マウントジョイとはダブリンの刑務所の名である）。彼は自ら名付けた、それによって罪が強い感染力をもつウィルスのように人間から人間へと伝播していく「恐怖の堕落への道」を辿ろうとする。「われわれ（人間）は無実《イノセント》でもなければ、邪悪でもない」とサミーは思いをめぐらす。「われわれは罪びとである。堕落をして、手と足でもがき、たがいに涙をながして泣いている」。しかし、堕落は一瞬のことでもなく、過去のものでもない。サミーは恋人のビアトリスを廃人にしてしまい、いま「ビアトリスと共に原因と結果という大海」にあってその深さを実感している。

いっぽうで彼もまた幼少期に、小学校の女性教師からめちゃくちゃにされた過去をもつ。女教師は彼を養子にしていた小児性愛の僧に恋心を寄せながら受け入れられず、その欲求不満のはけ口にされたのである。人を傷つけたことで罪の意識をもつ、行動を起こすと反応が返ってくる、そうしたもつれあいが際限なく分岐していく。いうならば、かくもネガティブなつながりあいが、あらゆる方向へぼんやりと広がっていくのである。

この小説で、恐怖の堕落への道を断ち切り、原因と結果という死の回路を開放することができるのは、許しという行ないだけである。サミーは小学校教師を許すために、幼少時代をすごした故郷へ戻ると、彼女は彼をサディスティックに仕置きしたい気持ちを押さえ込んでいたとわかった。

純粋一途《イノセント》の人に許しは無用である。そもそも純粋一途《イノセント》の人は自分が攻撃されているとしてもそうは思わないからだ。サミー・マウントジョイは罪を背負い続ける。結局、自虐的《サディスティック》な教師のほうが善人となり、同じくビアトリスも、狂気の世界へ行ってしまい、もはや彼が道義《モラル》を示そうにも届けようがない。ここに至って、恐怖の堕落への道が真に断ち切られるとしたら、サミーが他者を許すのではなく、彼が許されるしかない。そして、ナチスの捕虜収容所で、恐怖のあまり気が狂ってしまった彼が、閉じこもっていた掃除道具の押し入れから解放されたとき、この小説はようやく大団円を迎えることができるのである。

神は完全なる無

『ピンチャー・マーティン』が煉獄の寓話《ファーブル》であるとすると、フラン・オブライエンの『第三の警官』は地獄の寓意《アレゴリー》である。アイルランドの小説のなかでもっとも幻想的で一筋縄ではいかない一冊だが、冒頭の数ページで死ぬのは主人公ではない。語り手その人である。彼は、共犯者とともに、年老いた農夫のメイザーズが居間の床下に隠してあった金庫を盗み出そうとする。が、まさに床下に手を差し入れて金庫をつかもうとしたとたん、なんとも奇妙な感情に襲われる。

何事が起きたのか、私にはそれを描くことは叶わない。なにしろあまりの恐怖にしばし襲われて何が何だかさっぱりわからないからだ。なにやら変化がわが身にふりかかってきた。いや、わが身にではなく、部屋にだ。言葉にしようとしてもできない霊妙さと、ただ事ならざる異様さで。それは、白昼の日の光がこの世とは思われぬ唐突さで変貌したようでもあり、夕刻の気温が瞬時にして激変したようでもあり、空気の密度がいきなり前よりも二倍も希薄に、あるいは逆に二倍も濃厚になったりしたかのようでもあった。それは瞬きをする間の変化で、おそらくこれらに他の現象も加わってのことだろう。私の感覚は瞬時にして攪乱されてしまったので、説明などできようもなかった。気がつくと、床の穴に突っ込まれていた私の右手の指は機械的に閉じ、全き空をつかんで床の上に引き上げられていた。金庫は消え失せていた！

背後で軽い咳払いが聞こえたので語り手がふり向くと、農夫だった。頭がスコップで叩き潰されていて、部屋の隅の椅子からだまってこちらを見つめている。読者は後で知るのだが、金庫はすでに語り部の相棒が失敬し、後で中身を懐にするために、金庫を爆弾とすりかえていた。その爆弾が爆発したのだった。そして語り手は真実を知るのである。彼の身に重大な異変が起きたのは、爆発によって粉々にされたからだと。

語り手は金庫をまさぐって「全き空」をつかむが、やがて死にかけの農夫と話をかわすなかで、この老人が質問に対して否定的な言葉しか返さないことに徐々に気づく。「ノーだったらいくらでも言える、それがわしの流儀だ」と老農夫メイザーズは言う。おそらくこれは、アイルランドの小説家ローレンス・スターンの『トリストラム・シャンディ』の中で語られる「人は無きものに敬意を払い、この世に起きる凶事を考えるべきである」の影響をうけている。同様に、アイルランドの偉大な哲学者であるビショップ・バークレーも「有ることと無いこととはつながっている」と明言している。「わしはこう心に決めたのだ」とメイザーズは語り手に言う。「これからは、すべてにノーと答えようと。以来、いかに提案されようと、要望されようと、質問されようと。内側から発したものであれ、外側から来たものであれ（中略）過去現在を通じて、誰よりも断固として拒絶し否定してきた。跳ね返し、打ち捨て、認めず、拒絶し、だめだと言ってきた。信じられないぐらいの回数を」

『第三の警官』で描かれるのは、ありえない超現実の世界である。たとえば、自転車とこぎ手が微妙にからみあって、それらを構成している原子がまじりあい、知らず知らずのうちに互いの特質が融合していく。こぎ手は自転車のハンドルに身体をあずけて休んでいるかのように、暖炉によりかかっているところを発見される。いっぽうの不愉快で厄介ものの自転車のほうは、宙に吊られて、自転車の形をした棺桶をつくる作業に参加させられる。

この小説には、形而上的な逆説や謎かけがふんだんにつめこまれていて、そのいくつかは虚無、無効、そして無限といった概念にかかわるものだ。語り手は死んだとたんに、自分の名前が浮かばなくなっている（といっても、そもそも読者は最初から彼の名前を知らされていない）。奇妙にも語り手が名無しになったことで、彼は観察者としての資格を失ったのである。ここにはフランスの学者であるド・セルビィの言説への衒学的な暗示がこめられている。彼の信じるところによれば、夜の闇は触って感じることができる黒い物質でつくられており、彼はこれを瓶に蒐集しようとした。また、眠りは大気中の有毒な汚れによって半ば窒息状態にさせられることによる発作の継続であるとも考えた。さらにド・セルビィは、無は有にもなるとも考えたが、これは純粋なる無の理論には与せなかったからなのかもしれない。

また、この小説では、エッシャー*が得意とする歪曲や無意味のイメージも用いられている――たとえばある警察署の部屋はまったく幅と奥行きをもたず、別の警察署はというと、壁の中に押し込まれていて、事物は次元をもたず、色彩もない。警官のマクリスキーンは、あまりに小さくて人の目には見えないような小箱をつくる。そのための道具も同じように極小で目で確認できない。「いま作っているのは」と彼は語り手に解説をはじめる。「ほとんど無いに等しいほどちっぽけでね。この第一作目には百万の小部屋があって、その中には女性用の乗馬靴を収納する部屋もある。その入り口には御簾《みす》がかかっていて、どこまで上げれば一杯いっぱいなのかわかる仕掛けになっている」。これに対して話し手は、慇懃だが心のこもっていない事務的な返答を返す。

＊だまし絵で知られるオランダの幻想画家（1898 - 1972）。

「そんなお仕事、人の目ではむりではありませんか」

マクリスキーンは語り手の手を錐のようなもので刺そうとするが、肌にふれたようには思えない。実は錐の尖端は現実のものではなく、人間の目にそう見えているにすぎないのだ。「おたくが錐の尖《さき》っぽと思っているのは」とマクリスキーンは説明する。「尖っぽではなく、そのはじまりにすぎない。(中略)尖っぽは七インチあって尖《とが》って細くて、年とった目じゃあ見えない。それでも全体の最初の半分はいくらか太くて頑丈なんだが、そこもなお鋭く尖っているので、まずそれは見えない。前半が見えるとしたら、後半部分も見えるだろうし、継ぎ目も認めることができるかもしれない」。

さらに彼は最も尖った極め付け部分について、こう語る。

「あんまりにも細いので、おたくの手に突き刺さって反対側に突き抜けても、痛くもかゆくも感じないし、その正体も見えなければ音もしない。そいつは細すぎて本当は存在しないのかもしれないし、そのことについて三十分費やしてあれこれ思案してみても、何の考えもまとまらないかもしれない」

つまり、この理屈っぽい警官に言わせれば、もっとも尖った極め付け部分を知ろうとしても、「おまえさんの小さな箱(頭)が痛むだけ」なのである。以上の描写はアイルランドの哲学者エドムント・バークの言説を拠りどころにしている。すなわち、崇高なるものとは——人間の思考や表現をはるかに超えていて——ものすごく小さい形をとることもあれば、とてつもなく大きくもなる。マクリスキーンがつくる小さな錐や箱が大小を表わす言葉の網からすり落ちてしまうのも、全能の神の表われ方とそっくりである。

　この小説に、読者は、オブライエンが生まれ育ったアイルランドに特有の、一種の無の世界を志向する強烈な宗教的文化風土を見てとるだろう。つまるところ神とは、中世アイルランドの偉大な思想家であるジョン〔ヨハネ〕・スコトゥス・エリウゲナが描いているように、完全なる無である。おそらくエリウゲナは、世界でもっともカリスマ的な教師であったが（学生たちにペン先でつつかれて死んだといわれている）、メイザーズ老人と同じように、何事に対しても筆法鋭く否定と論駁の限りをつくした[原注7]。彼によれば、神は存在しないということによってしか定義できない。神をいくら善なるもの、賢明なるもの、全能と呼ぼうとも、それはわれわれ人間の言葉に翻訳されてのものであり、それがそもそも神への理解を誤らせ捏造に至る。

　エリウゲナは、トマス・アクイナスと同じように、人が神を話題にするとき特段何も考えてはいないという無神論者の指摘を認めている。彼の考えは、偽ディオニュソスと呼ばれた古代の哲学者が著したとされる、神の存在を完全否定した『神名論』か

原注7　デルモア・モーン『ジョン・スコトゥス・エリウゲナの哲学』Dermor Morn, *The Philosophy of John Scottus Eriugena* (Cambridge,1989).

ら影響を受けている。すなわち、「これまで神はいなかった。これからもいない。神はこなかった。これからやってこようともしていない。神はこないし、神はいない」[原注8]。唯一明示できるのは有限の存在だけである。

エリウゲナにとって、人間の主観は神の頭にある底知れない穴と同じく無限であり、だから人間とはこうであると明示はできない。神が存在しないなら、神の創造物も本質的には存在しないことになる。神に従うなら神は存在しないことを認めなければならない。したがって、エリウゲナからすると、人間は自らを知ることはできない。人が自分自身が何者かを完全に知ることができないのは、それを確かめる確実な方法がないからである。人間とはこういう存在であると明示・定義できない。それはフロイトの無意識に似ている。エリウゲナに言わせれば、われわれ人間が完璧な自覚をもてるのは、自分自身が誰だかわからないと知ったときだけである。

神が完全に自由であるからこそ、人間の自由もある。エリウゲナからすると、神が無限の存在だから人間もしかりである。神に帰依することで人は無限の自由を神と共有できる。逆説的にいうと、われわれ人間が自由と自治を謳歌できるのは、造物主たる神に依拠しているからで、それは信頼できる両親がいるから自我を手に入れられるのと同じである。エリウゲナはある種の心霊的無政府主義者《スピリチュアル・アナーキスト》で、彼の見方では、人類

原注8　偽ディオニュソス『全著作』*Pseudo-Dionysus:The Comlete Works* (New York,1987),op.98.

は神と同じく自己中心的である。自分自身が母体であり、存在理由であり、目的であり、出自である。それはすなわち造物主は自らのイメージに似せて人間をつくったからだと。

エリウゲナは、彼が生きた中世の一般的な考え方からすると、人間の意識を高く評価している。すなわち、人という動物は物を創造したり滅却したりする神にも似た力をもっていると。この中世の哲学者にとっては、詩人のウィリアム・ブレイクと同じように、事物を明察するには根本にまで無限に下っていかねばならない。無限とは、ブレイクが言うように、時間が生み出す果実と相思相愛の関係にある。いっぽう悪魔には、無限の意思や欲望にとって有限の事物は障害であり、絶滅しなければならない。悪魔的な人々にとって、事物を創造することは、無限という純粋なるものへの冒瀆でしかない。ドイツの哲学者シェリングは、悪魔を善なるものをはるかに超えた霊的なものととらえた。すなわち、物質的な実在を冷酷に忌み嫌う存在であると。後に詳しくふれるが、ナチスにもどこかこの悪魔の傾向が見られる。

エリウゲナに言わせると、この世は終わりも目的もないばか騒ぎの舞踏会である。後に同じアイルランド生まれのジェイムス・ジョイスが小説に巧みに描くことになる世界である。そこに、螺旋状の渦が自己増殖するケルトの伝統美術の特質がどこかに息づいている。つまり、ひたすら自分たちの喜びのためのものであって、なにか立派な大義に基づくものではない。これは明らかに神から生じたものであり、その神とは意味や目的とは関係なく存在している。エリウゲナが考える世界も、ジョイスの小説のように、特定の意味や目的があるわけではない。エリウゲナにとって自然とは観察者の視点次第で自在に変化する動的《ダイナミック》なプロセスであり、それは現代物理学にも通じる見方である。

また、五百年後にダブリン生まれの哲学者ビショップ・バークレーが唱える世界とも重なる。さらに現代の哲学者であるフレドリック・ニーチェやジャック・ダリダの言説も、この中世のアイルランド人を超えるものはほとんどない。かくしてエリウゲナは、異端の説を唱えた人物として指弾される栄誉を得ることになる。個人が無限の自由をもつという考えは、およそ十三世紀のローマ教皇庁が許容できるものではなかったからである。

したがって、『第三の警官』に渦をまく原子と螺旋形が登場するのは別に驚くにはあたらない。登場人物の一人である巡査部長はこう解説してみせる。「あらゆるものはそれ自身の微細なる粒子からなっており、これらの微粒子は中心を同じくする円、弧、弓形などおびただしい数の幾何学図形を描いて飛び回り、動きを止めることなく旋回し、あちこちに向かってはまた元へ戻り、ずっと動きつづける。これら微小な紳士諸君のことを原子と呼ぶのだ」

ここで語られる世界はエリウゲナが考えるそれと似通っている。ほとんど無から形づくられ、その意味では、天国も地獄も似たものといっていい。事物はあちこちに向かい、行きつ戻りつして行方が定まらない。『第三の警官』の結末で、語り手は、最初に退散した警察署に戻ってきていることに気づき、それに初めて出会ったときとまったく同じ言葉で描きだす。この不気味な描写は、まさに『ピンチャー・マーティン』の結末を彷彿させる。すなわち、岩礁、天空、海というマーティンの超現実世界が画用紙に描き示されるように。

道の先は折れ曲がって、そこでは怖ろしい光景が展開されていた。百ヤード先には一軒の家があり、私を驚かせた。それはさながら路傍の広告看板のペンキ絵で、実にお粗末な代物だ。まぎれもないまがい物でまるで説得力がない。奥行きと厚みがなく子どもでもだまされないだろう。それだけだったら私を驚かせるにはあたらない。この手の絵や看板なら道路脇でさんざん見かけてきたのだから。私が戸惑いを覚えたのは、これこそが私が探し求めていた家で、その中には人がいるという確信が、私の心中に深く根差していたことだった。私は生まれてこの方これほど現実離れをした驚くべきものに出会ったことはない。わけがわからないまま、私はあたりを恐る恐る見回した。どうやら、通常の三次元の一つが失われ、意味が欠落している。その家のたたずまいはこれまで私が出会った驚きの極致であり、私はただただ怯えるばかりであった。

悪魔がもつ主要な特徴のいくつかがここには描かれている。すなわち、禍々《まがまが》しさ、圧倒的な非現実、驚くほどのまがい物、意味の破壊、重要な次元の欠落、退屈きわまりない単調な繰り返しなどである。オブライエンの小説の語り手は地獄にいて、一度はつまずいた小説の始まりへととぼとぼと戻っていかねばならない。この呪われた人々は、死んでいるのにそれを受け入れようとしない。その点では、彼らはこの世を救済するキリストの禍々しい相似形ともいえよう。

エリウゲナは時間を単なる果てしない繰り返しではなく、螺旋ととらえていた。それはジェイムス・ジョイスの『フィネガンス・ウエイク』やW・B・イエーツの神話集にも見られる。アイルランド生まれの劇作のなかでもっとも高い評価を受け、「何も起きないことが二度も起きる作品」と評された『ゴドーを待ちながら』もしかりである。時間を螺旋運動とするのはアイルランドではごく一般的な考え方である。上記の作品で描かれるのは、着実に前へ向かうのではなく、後ろに向かって充実をするような世界だが、『第三の警官』では、その果てに怖ろしい運命が待ち構えていることが明らかにされる。時間を螺旋形の自己中心運動ととらえることは、一面では、善き徳の拠り所となる。それは、あらゆる行ないはそれ以外のための捨て駒だとする機械論的な考え方とは相入れない。そうした捨て駒的な考えをもつ人の典型は、D・H・ロレンスが言う「自分がいまいる場所では生きられない」と不安に駆られる男女である――たとえば銀行家や実業家や政治家など魂の危機にさらされている人々である。

しかし、時間を螺旋ととらえることは、一面では、悪魔の拠り所にもなる。すなわち死ぬことができない、最期を迎えることができない、そんな永遠の反復を運命づけられた人々が拠り所とする世界である。スラヴォイ・ジジェクは、不死とは素晴らしいことと思われているが、実は違うと断じている。不死の原初は悪魔のそれである、と。「悪魔とは繰り返しよみがえる恐れを抱かせる存在である」とジジェクは記す。「物理的な死から魔術的によみがえり、われわれの前に繰り返し立ち現われる異次元の存在である」[現注9]。悪魔とは「桁外れの無際限」の存在で、死を自然で物質的な事象として受

原注9　スラヴォイ・ジジェク『暴力－6つの斜めからの省察』（中山徹訳、青土社、2010年 ）』Slavoj Zizek, *Violence:Six Sideways Reflections*（London,2008), p.56.

け入れることを拒絶する。多くの人間は、男であれ女であれ、永遠の生を望むが、その誘惑的な夢を実現可能だと心底思い込んでしまうのが悪魔的な人々なのである。

不朽不滅の悪魔

グレアム・グリーンは、ブライトンを安下宿屋に見立てた小説『ブライトン・ロック』で、大胆きわまりない対照的な文学手法をもって、絶対的な悪を描いている。ギャングたちのスリラーと形而上的な瞑想録をあわせもった実験的小説の白眉である。地獄とロンドン近郊の両方を生きていると思われる人物を描くことは、かなり難しいわざだ。

ちんぴらギャングのピンキーは人間的な暮らしに悪魔的な敵愾心を抱いていると見るべきか、それともそれとは違うタイプの疎外感をもった少年なのか？　この小説でそれは明白である。グリーンは、この十七歳のごろつき少年を冒頭から悪魔的な存在として描いている。彼は肉体的には売春婦とやくざと海辺の安っぽい歓楽施設の世界に住んではいても、精神的にはそこには永遠にいない。二つの世界はけっして交わることはない。グリーンは鮮やかなレトリックを用いて、ピンキーについてこう記す。「やつが注目してやまないのは、際限なく壊滅に向かうことで、そこが彼の往来する場所

原注10　ハンナ・アーレント『イエルサレムのアイヒマン　悪の陳腐さについての報告』（大久保和郎訳、みすず書房、1969年）Hannah Arendt,*Eichmann in Jerusalem:A Report on the Banality of Evil*(Harmondsworth,1979), p.288.

であった」。つまり、悪魔的な人たちは現実世界にはいないというのである。彼らは現実世界に存在することが難しい。ハンナ・アーレントは、ヒトラーの配下のアドルフ・アイヒマンについて、「現実離れ」と評しているが[原注10]、ピンキーが死んだときも、「突然、存在感を失ったようだった――まるでいきなり過去か現在からゼロへ――無の世界へもっていかれてしまった」。彼は断崖から海へ落ちて死ぬのだが、そのときの衝撃音を聞いたものはいない。物質的な手がかりはまるでない。彼は水が跳ねる音すら立てずに死んだのである。

ピンチャー・マーティンが文字通り死んだのに対して、ピンキーは精神的に死ぬ。ピンキーは典型的なニーチェ的虚無主義者で、「無への意思と生への忌避」の持ち主であり、「生の基本的前提への反逆」を試みる[原注11]。ピンチャー・マーティンのように、自分の破壊的な目的のために他人を利用する以外には、何も生きるための努力をしない。他の十代の不良たちとは違って、まるでカルトジオ会*の修道士のように、性的な関心がまったくない。ダンスもしなければ煙草も酒も賭け事もやらず、冗談も飛ばさず、チョコレートも食べず、友人もいない。自然を嫌い、性に対しては吐き気を催すほどの怖れを抱いている。「結婚とは」と彼は自らに言い聞かせる。「両の手のひらに糞を載せるようなものだ」

原注11　W・カウフマン編『フリードリヒ・ニーチェの「道徳観とエッケ・ホモ（この人を見よ）について」』W.Kaufmann,ed.,Friedrich Niectzsche,*On tne Geneology of Morals and Ecce Homo*(New York,1979),p.163.
＊11世紀スイス山中で創設された厳格なキリスト教宗派。

彼の生活は物質的なものからは限りなく遠い。物質的な世界に対して超然としかつ厳格なだけでなく、激しい嫌悪をもっている。これらは、後に詳しく述べるが、悪魔の特徴そのものである。若者に特有の生命の躍動はひとかけらもない。憐憫《れんびん》の思いもなければ、他人の気持ちを慮《おもんぱか》ることもない。感情を受けとめ伝える力はヒンディー語の能力ほどもない。他人の言動は、さながら目の前の蚤のようで気にもならない。そんなピンキーはとても精神病者で片づけられるような人間ではない。

この取るに足りないならず者はわずか十七歳という点では経験不足と言えるかもしれない。しかし、彼のうちに潜む精神の虚無は、若さゆえの無知をはるかに超えた奥深さがある。それがこの小説の底流をなすイデオロギー的テーマへの導きの糸となる。すなわち、悪魔とは社会的環境の問題というよりも、不朽不滅の状態であるのだと。おそらくピンキーは四歳ですでに虚無であった。この種の悪魔は水疱瘡の罹患と同じで年齢には関係ない。ピンキーは人を殺すから悪魔なのではなく、悪魔だから人を殺すのである。彼はおそらく生まれながらの性悪だが、これまで見てきたとおり、作者は彼の非道ぶりに斟酌《しんしゃく》を加えたりはしない。

この小説では、無知と純真一途《イノセンス》と経験についてひねりのきいた考察が随所でなされているが、第一番の対象はピンキーである。彼には「恐るべき無知」と「ねじれた純潔《ヴァージニティ》」が同居しており、そのために彼は人間の行ないをまるで金星人のような無理解の目で見る。また、生身の人間にはもちえない純真一途さがある。ある批評家に言わせると、驚くべきことに彼には「経験に学ぶ能力が欠落している」。そんな彼に人間らしさがあやしくも忍びよろうとする、ピンチャー・マーティンを黒い稲妻がつらぬいたように。二人はともに愛を経験するが、彼らは愛が求めるものに自分たちがまったく耐えられないことを知る。すなわち彼らの欲情は捕食、相手を食いものにすることだからだ、と。ピンキーが恋人のローズに対してかすかな性的喜びを覚えたとき、次のように描かれる。「彼はものすごい力に襲われた。中へ入りこもうと巨大な翼が窓ガラスを打ち破ろうとする」「さながら彼はあらゆるところから血が流れだす血友病に罹った子どもだった」

この小説で重要な点は、ピンキーがピンチャー・マーティンと違って、信仰心をもっていることである。作者のグリーンは、主人公は、その根拠には懐疑的であるが、地獄の存在と天罰、そして（おそらく）天国の存在も信じていると明確に記している。後に取り上げることになるトーマス・マンが描くあの忌まわしいアドリアン・レーヴァーキューンも同じで、彼も若い時分に神学徒の道を選んでいる。呪われた者になるには、自分が打ち消そうとしているものは何かを自覚していなければならない。健全なる精神を保って結婚をめざすようではそれは叶わない。

ピンチャー・マーティンも、最後にはどうなるかを自覚して、神に対して挑戦の叫びを上げる。もし作者のゴールディングがマーティンに「天国なんてクソくらえ！」と罵詈雑言を叫ばせなかったら、マーティンを地獄に行かせることはできなかったろう。全能の神から創られた者たちは、その神を不敬なことにも忘却することで、そこでどれほどひどい目に遭わされるかを知らされずに、永遠の責め苦の世界へ送られるのである。人がたまたま偶然に地獄で最期を迎えるなんてことは、たまたま偶然にポルトガル語を覚える以上にありえない。

ここで神学上肝要なのは、神は何人《なんぴと》といえども地獄へは行かせられない、ということである。すなわち、人は神の愛を拒絶するのが妥当と判断して実行することで自らを地獄へと送り込む。いわばこれは人間の自由というものがもたらす、恐ろしい究極の形といっていい。そこではもはや神は主導権をとることができない。だからピンキーはこう言ってのける。「天罰なんぞいっそ飲み込んでしまえと肚に決めた悪魔の口から、さすがの神も逃れることはできまい」。こうなると創造主は自らの創造物の慈悲にすがるしかなくなる。人は自らを地獄に送り込むことで、全能の神に対する悪意に満ちた最後の勝利を手にすることができる。たしかにこれは、ギロチンの刑から逃れるために自分の首を切り落とすようなもので、ピュロス王の〔犠牲が多く割には合わない〕勝利でしかない。しかしながら、神を打ち負かすにはこれしかない。手も足もでない状態でのただ一つの策である。

神を出し抜くためには神と対等の力をもたねばならない。『ブライトン・ロック』にはその方法の一つが描かれており、それは善と悪が密かに通じ合っていることによるものだ。さらにその両者の共通点を挙げると、共に知見《ノウハウ》が欠けている。これはすでにピンキーのケースで見たとおりだが、彼の恋人のローズも同じで、彼女の美点はまったくの世間知らずによるものだ。重要なのは、この小説の登場人物には徳性もなければ経験もない。ピンキーもローズも、ひたすら純真一途なだけだが、それぞれ「ひたすら」の内容が違う。ピンキーの場合はひたすら生活感がないのに対して、ローズはひたすら未熟なだけで中身は空っぽである。したがって、二人は似た者同士ではあるが敵対者でもある。

それについて小説ではこう描かれる。「善と悪は同じ国に住んでいて、同じ言葉をしゃべり、古い友人の顔をしてやってくる」と。もし神が罪人に特別な愛を抱いているというのなら、その呪われた人々もまた神に特別な愛を抱いてしかるべきである。すなわち、悪魔とは神の愛の逸脱したイメージであり、単なる不道徳とは違う。ということは、仮に周囲に神を想起させる聖なるものが見当たらないときは、少なくとも神のネガティブなイメージとして、その混ぜ物なしの本物の悪意が〔反面教師として〕役に立つことになる。

こうして悪魔に特権が与えられ、ピンキーは精神貴族よろしく世間を侮蔑して憚らない。彼は虚無主義者であると同時に一級の芸術家である。というのも彼は無の境地になることであらゆる創造物を欠点だらけの無用物にしてしまうからだ。大きな罪業は平凡な美徳を凌駕する。グリーンのような堕落した異端のキリスト者は罪人かもしれないが、少なくとも退屈極まりない礼節の人よりは精神的にははるかに魅力的である。上流階級の社交クラブから追い出されることは、最初から受け入れてもらえないよりもはるかに勝る。間違いなく悪魔は飛躍のためには拒絶も辞さないが、単なる道徳家はそのチャンスがやってきても気が付かない。

それとは別に、ピンキーとローズの間には、坊主くさい〔性に潔癖な〕犯罪者と純真一途な処女による密かな約束事がある。ローズは純真ゆえにピンキーが殺人者だと知っても許す。善人は愛と慈悲で悪魔を抱きしめて受け入れるのである。しかし、そうすることで、かえって冷酷非情な状況へと引き込まれる。生贄の山羊《スケープゴート》の悲劇の要点がここにある。ちなみにキリストは罪人であるはずもなく、聖パウロに言わせれば、人間のために「罪人になられた」のである。救世主ならば、修道僧よろしく超然としているのではなく、救世主の何たるかを直感しなければならない。そうでなければ、この世の内側から人を救いだすことができないし、方法はそれしかないからだ。

悪魔とも会話を交わせるところが、この聖人たち〔ピンキーとローズ〕が中流階級の道徳観を超えるとされる点である。『ブライトン・ロック』でそんな中産階級の典型として描かれるのがアイダ・アーノルドで、正誤の判断ができるのが自慢のお節介な道徳家である。猥雑で俗っぽく気前がよく世知にたけたアイダは、古臭い道徳観の持ち主で、世間離れしたピンキーとローズからすると侮蔑の対象でしかない。「あんな女にはなんの価値もない」とピンキーは切り捨てる。「火あぶりになりたくてもなれっこない」*。物事の正誤など善悪に比べたら大したことはない。アイダは矮小すぎて地獄の業火に焼かれる値打ちもない。知恵といってもすべて陳腐な売れ残り品、道徳も錆びついた紋切り調でしかない。その世俗的な倫理は市井の人々には効き目はあるが、この世を救うとか地獄へ堕ちるといった事態を前にしては立ちすくむだけである。いわばアイダは実用的な道徳が支配する国から絶対専制君主の国へ迷いこんでしまった旅人である。

この小説では、ピンキーは邪悪な存在として描かれるものの、彼のアイダに対する

*正確にはローズのせりふ。著者の勘違いと思われる。

侮蔑は全面的に肯定される。アイダ・アーノルドは、T・S・エリオットが描く「うつろな人々《ハロウ・メン》」と同じく、あまりも浅薄すぎてこき下ろす値打ちすらない。評価すべき道徳という観点からすると、作者のグリーンは、精神的には真のエリートであるという点で、はっきり悪魔の側に軍配を上げているといってもいい。支配階級の人々は認めたがらないだろうが、グリーンの頭に、かつての親友で二重スパイであった〝国事犯〟キム・フィルビー*が浮かんだとしても不思議はないだろう。

このように『ブライトン・ロック』は、悪魔についての疑念に満ちみちた神話――ある種の堕ちた英雄たちの物語――を補強する役を果たしているが、同じ役どころをミルトンの『失楽園』の魔王《サタン》が演じている。ブライトンのむさくるしいカフェで、やれ「正しい」のやれ「誤った」のと憤然と議論して何時間も過ごすよりも、地獄の統治者でいるほうがよほど面白い。この小説では、主人公は道徳面では否定されるが、他方で主人公が依拠する悪魔の物の見方については一目置かれている。すなわち、ピンキーは人間的生活に身をゆだねることができない人物として描かれるが、本文中では人間的生活に身をゆだねることに価値があるとは一行たりとも描かれないのである。彼は日々の人間の生活のリアリティがさっぱり理解できないが、本書で描かれる卑俗なる人物はどんな場面でも理解に値いしない。読者には、ただひとつ真の愛のイメー

*英国秘密情報部MI6の元高官で、ソビエト諜報機関の協力者。ソ連に亡命(1912～1988年)。

ジがローズによって提示されるが、それは、彼女の悪魔的なボーイフレンドと同じように、凡庸な日常への無視でしかない。となるとわれわれが詳らかにすべきは、神によって創造された存在であるのに永遠に超然としていられる人物についてである。それを明らかにするために、トーマス・マンの『ファウストゥス博士』で奏でられる悪魔の音楽に耳を傾けるとしよう。

芸術家と悪魔

このマンの小説の主人公、不運な作曲家のアドリアン・レーヴァーキューンは、自己破壊という形で悪魔の価値観をドラマティックに曲解してみせる。売春宿を訪れ自らを梅毒に感染させ、衰えつつある脳を活性化させ画期的な楽想をひらめかそうとする。そうしてレーヴァーキューンは地獄の病いを輝かしい芸術作品へと転化させるのである。「いったい神のいかなる狂気、いかなる熟慮にとんだ向こう見ずな誘惑」と同書の語り手はおそれ慄《おのの》きながら思案する。「いかなる罰への強迫、いかなるディオニュソス的な考えへの憧憬が、働いたというのだろうか？　自身の性格にもたらされる致命的な化学変化を恋焦がれ、長年にわたる警告をものともせず、（梅毒患者の娼婦の）肉体を得ることにこだわりつづけるとは」

アドリアンは、人間の業の深さを探って混沌《カオス》のなかにも秩序を見つけだそうとするディオニュソス的な芸術家である。彼は作品で、肉体から精神を、苦悩から健康を、悪魔性から天使性を引き出そうとする。腐敗した世界を芸術作品で救おうとするなら、悪魔と親しくなるしかない。その意味では、彼はあえて絶望と極貧の地獄へ自ら堕ちて永遠の生命を求めたキリストの世俗版である。W・B・イエーツは、芸術のいやらしい根っこは「悪臭ふんぷんたるくず拾いの性根」にあると記している。イエーツと同じように、マンの小説の主人公も、「何事も個か全体かにきれいに分けることはできない」という考えの持ち主である。ドストエフスキーの『カラマーゾフの兄弟』の主人公の一人、自堕落なドミトリー・カラマーゾフが言うように、「究極の堕落を経験することは、手に負えない自堕落な性格にとっては元気のもとであって、それは究極の善を経験するのとひけをとらない」

マンの小説の主人公である芸術家が悪魔と通じているのは、どんなに凡庸な道徳的価値しかなくとも、ありとあらゆる経験を作品の糧としなければならないからである。作品が評判をとるには、当人は不道徳漢となって、自らを励ましてあらゆる清く正しい行ないから遠ざからなければならない。作品をつくるとは自分のなかにある善なるもののすべてを吐き出させ捨てて去ることである。したがって作品が輝きを増せば増すほど作者の人生は堕落を深める。十九世紀後半においては、芸術家――麻薬に溺れ酒色にふけりアブサン漬けの――と悪魔崇拝者《サタンニスト》は似た者同士であり、どちらも清く正しい中産階級にとっては破廉恥な輩である。芸術も悪魔も誰のためでもなく自身のためにだけ存在し、どちらにも使用価値もなければ交換価値もないからである。

レーヴァーキューンは死と病いをすべて芸術の糧として委ねる。フロイト流のいささか専門的な用語を援用すると、「タナトス」つまり死の衝動を「エロス」つまり生の本能へつなぎとめようというものだ。しかし、悪魔と契約した対価はあまりにも大きい。彼が創造する「名曲」という生命は、知に走り、情緒的に偏《かたよ》りがあり、冷たい虚無主義と悪魔的自尊につらぬかれている。よそよそしく自己風刺の作品には、人間らしさが完全に欠けている。彼の音楽は至芸なのだが、そこには人間性がまったくなく、「魔性の狡猾」という静脈が浮き出ている。究極の耽美主義者としてレーヴァーキューンは芸術のために自らを文字通り犠牲として捧げる。しかし、芸術のために命をないがしろにする人間は、その作品に犠牲となった痕跡を無残にとどめ、どこか自滅的であると同時に英雄的である。

レーヴァーキューンの運命は、自分から毒素に感染し全能という幻想に酔いしれて破滅にいたるナチス・ドイツという国家の寓意《アレゴリー》である。小説の語り手は言う。「不道徳な独裁制は初めから虚無主義と盟約の契りを結ぶ」と。ファシズムについてワルター・ベンヤミンはこう記す。「自己疎外がある段階に達すると、（人間は）第一級の耽美的な快楽として自己破壊へと走る」[原注12]。レーヴァーキューンが自らの音楽作品の耽美的勝利を手に入れるのも自己破壊によってである。

これから明らかにするが、悪魔は様々な点で破壊と密接な関係にある。その一つは、破壊こそが神による創造の行ないを打ち負かす唯一の方法だからである。悪魔が全き無を好むのは、万物が創造されるということを認めたくないからである。悪魔がそれを嫌うのは、トマス・アクイナスが言うように、存在することと自体が善であるからだ。存在が豊かであるほど世界の価値はより高まる。野菜のカブであれ、遠隔通信であれ、何か楽しいことが起こるかもしれないという期待であれ、それは単純に善きことなのである（では、鳥インフルエンザはどうなのだ、ユダヤ人虐殺はどうなのだという疑問があるが、それについては後述する）。

ところが、悪魔はそうは考えない。ゲーテの『ファウスト』でメフィストフェレスは言う。「生まれてきたすべてのものは、価値なきものとして打ち捨てられるのがふさわしい」。核による大虐殺、あるいは海の水位が上がって世界が水浸しになることは、悪魔を大喜びさせるだろう。『ブライトン・ロック』で、主人公ピンキーは友人が酒

原注12　ワルター・ベンヤミン『イルミネーション』（『ヴァルター・ベンヤミン著作集』（晶文社、1969―1975年）Walter Benjamin, *Illuminations*(London, 1973),p.244.

飲み話として「世間とはそういうものだ」と言ったのに対して、「なぜだ」と戸惑いの問いを返す。「何もないよりは、なんでもいいからあったほうがいいのは何故なのか?」という普通の人間がしばしば発するもっとも基本的な問いに対して、おそらくピンキーの返答は、「ほんとにそうかい」である。彼のなかにあるのは、うんざりするほど退屈な現実の世界など存在しないほうがよほどいい、という思いだ。哲学者のアルトゥール・ショーペンハウアーも同じように考える。彼にとっては、人類は善きものであるという前提ほど馬鹿げたものはないからである。

しかし、物事が存在するという我慢のならない事実に対して悪魔がやれるのは、それを無に帰すことである。そのやりくちとはこうだ。創世記の悪意にみちたパロディをもって神の創造の営みをひっくり返す。そうすれば、神に近づくことができる。無から有を生み出す営みは、絶対的な力技によってのみなされる。しかし、破壊にも絶対的な力がある。創造は一度きりで繰り返されないのは、破壊も同様である。一度壊された磁器を再度打ち壊すのは、それが修復再生されるのを打ち砕くのでない限り、意味がない。よちよち歩きの赤子も気づいているが、壊すことは創ることと同じぐらい魅力的なものだ。ステンドグラスの窓を煉瓦を投げつけて割るのは、それを最初に設計するのと同じくらい気分のいいものだ。

それであっても悪魔は全能の神に打ち勝つことはできない。その理由の一つは、魔王《サタン》は永遠の拗ね者でしかないからだ。そもそも物理的に物が存在していないかぎり、ケチをつけられない。創造の営みをひっくり返すには、不承不承ながらも、とりあえずは神に臣従の礼をとらなければならない。

セバスチャン・バリーは自らの小説「The Secret Scripture」でこう述べている。「悪魔にとって辛いのは、彼が何も書かれない本の著者であり、何もない空間の設計者であることだ」。『ファウストゥス博士』のある登場人物が言うように、「すべての物事は神のなかで起きる、神からの逸脱・堕落もふくめて」。だから全能の神は事あるごとに自分に逆らう人間を真っ先に捕捉することができる。

神とは抜けることができないクラブのようなものである。神に逆らうにはまず神の存在を認めなければならない。これは悪魔にとっては果てしない欲求不満の素になる。ミルトンが描く魔王《サタン》のスローガンは「悪魔、わが善き友よ」である。これは善きことを悪魔が事あるごとに排除しようとしてもできず、それに勝てないことを物語っている。

同じようにアドリアン・レーヴァーキューンの音楽は天才による傑作なのだが、独創《オリジナル》というより物真似《パロディ》の色合いが濃い。既成の作品を戯画化したもので、それは悪魔のやりかたと同じである。それは、あらゆる前衛芸術運動のように、過去の作品を陳腐化させるという点において、過去に寄りかからざるをえない。その意味で悪魔はつねに善きものの後塵を拝する、つまり悪魔が憎んでやまない世界に寄生している。ジャン＝ポール・サルトルの戯曲『悪魔と神』で主人公のゲッツが悪魔を礼賛するのは、悪魔とは人間が神からただ一つつくることを許され、それによってますます人間自身を窮地に追い込むものだからである。

悪魔は自らを無から生まれ出た完全に独立独行の存在だと信じているが、真実は違っていて悪魔は独創的《オリジン》存在などではない。悪魔が生まれる以前にはつねに何物かがいる。だから悪魔は永遠に惨めで哀れな存在なのである。魔王《サタン》は堕ちた天使であり、そもそもそれは神によって創られたものである、いかにお仲間の精神療法士がそれは違うと言いつのろうとも。

自らを破滅させることで、レーヴァーキューンは神の座を手に入れる。自殺行為によってほぼ神聖なる力をふるえるようになったからだ。神でさえ彼のふるまいを抑えることはできない。彼のいるのは、もっとも輝かしくもつかみどころのない自由な場所である。その自由とは自らを否定できる、ナチスがそうしたように。その考えに基づけば、もっとも崇高なる自由なふるまいとは、自由を自ら放棄することになる。

もっとも大切にしているものを明け渡すことができれば、人は最強になれる、と。神は、自らが創ったものにそんな自由なふるまいに及ばれると手が出せない。彼らから顔につばを吐きかけられるのを止めさせる力もない。自己破壊とは、神から生命を与えられたことを認めることができない人々による騙《だま》しの勝利なのである。人は自殺することでつねに神に報復することができる。そもそも人は空しいものだとしたら、自殺したところで大した損失にはならないかもしれないからである。

ピンキーと同様、レーヴァーキューンは神の何たるかについて知りぬいている。実際、彼は大学で神学を専攻する道を選ぶ。神学を専攻し、信仰告白をし、傲岸不遜さから脱却をはかる。賢明にもつねに全力を傾注する。ピンキーと同じく、修道士よろしく知的で超然としていて世俗を嫌い、肉体的な接触を嫌う。ヒトラーも同じように肉体的な接触を嫌ったと言われている。

わがレーヴァーキューンは、「現実とのあらゆる関係を避けるのは、可能性の芽が盗み取られると考えるからである」と描かれる。現実——生身の身体と事物は有限であるという——を、彼は無限の意思の障害物とのみみなす。それは、神と同じ知と技を持ちたいという彼のファウスト的な願いからである。有限な事物は彼がもつ身体を超越した無限の夢への恥辱に他ならない。現実的に達成されるものは、なんであれ、所詮はちっぽけなものでしかない。このマニ教的な考えからすると、創造と堕落は一つのものであり、この世界に存在するものは、なんであれ朽ちる。「無はそれ自体を滅し、創造とはそれによって生じる傷跡である」とは、ゲオルク・ビュヒナーの傑出した戯曲『ダントンの死』で主人公ダントンが吐く科白である。すなわち、この世の事物は無が死滅したことで残されたものにすぎないのだと。これは、〔有無の間の〕空隙、何もない状態とはどんなものなのかをはからずも語ってくれている。

ファウスト崇拝者にとっては、何か特別なことをなしても、それは無きに等しい。欲望には限りがないために実際的な望みを実現してもがらくた程度にしか思えない。悪魔が神を拒絶するのは、聖アウグスティヌス*によれば、神とは人間の限りない欲望のついの終息の場所だからである。貪欲なる意思にとって、そんな「欲望の終息」は耐えがたいもので、欲望は永遠に膨らんで不満はつのるばかり。ゲーテのファウストは、そのあがきをやめたとたんにメフィストフェレスの手中に堕ちることになる。そしてファウストの限りない欲望は神の永劫性にとって代わられる。この転換によってなにか利益があるわけではない。ウィリアム・ブレイクによれば、永劫性とは時間が生み出すものと良好に折り合いをつけることだが、マニ教的な生き方にはそれはない。冷徹極まりない不遜な態度で世界を見下し、ひたすら自らが未来永劫につづくことだ

＊古代キリスト教の最大の教父・神学者（354−430年）。

けを望むのである。それは、後に詳しくふれるが、フロイトが「死の衝動」と名付けたものにきわめて近い。

悪魔は神の後継者なのか

悪魔とは超越のひとつの形である。

本来の超越からはいささか逸脱しているように見えても、脱宗教の現代世界においては、おそらくそれが唯一の超越の形だろう。われわれは天使たちの聖歌隊についてはほとんど知らないが、アウシュビッツについてならよく知っている。おそらく神の存在を現在に留めるものがあるとしたら、そうした神の負の痕跡であり、偉大なる交響曲はいまやなりをひそめて最後の残響をとどめるだけだ。いまや悪魔はかつて神が占めていた座を温めているのかもしれない。

マンの小説では、アドリアン〔・レーヴァーキューン〕が作曲した作品はこう評される。「誘惑者、背教、天罰を扱わずしてどこが宗教的な作品といえるだろうか」。もし悪魔が神の後継者だというのなら、自由を望んで神はもはや信じられないレーヴァーキューンの同類たちに共感を得なければならない。悪魔としては、善なるものと同じく、現実のあれこれの断片ではなく、現実そのものに明確な評価をくだす。それは善悪ともに形而上的である。すなわち両者の違いは、評価の基準が、本来的に善なのか、それともその逆の悪なのかにある。

　このマンの小説では主人公は「貴族趣味の虚無主義者」と呼ばれる。冷淡で皮肉屋で理解しがたいほどの自己充足漢で、「堕天使ルシファーのような冷笑家の雰囲気をかもしている」と評される。彼には美的感動などない。絵画や映像をみても喜びを覚えない。音楽を専門に選んだのは、芸術のなかでもっとも様式が純化されているからだ。現代芸術であれ実験芸術であれ、レーヴァーキューンが創作するものの特徴は、題材を周辺の世界に求めるのをやめた点にある。それに代わって、自身に目を向け、自身を主題にした独自の様式を探り始める。レーヴァーキューンがある種の様式主義者《フォルマリスト》であるのは、周辺世界の題材が彼の抱く無限（限りなきもの）への憧れの邪魔になるからだ。

　セーレン・キルケゴールは『不安の概念』で「悪魔のもつ恐るべき空虚と無内容」について述べているが[原注13]、もっとも純粋な様式とは、内容とは無縁であり、すなわち空虚である。しかし、混沌《カオス》もまた空虚であり、したがって純粋なる様式と純粋なる無秩序とを区別することは難しい。現代詩人のなかには、完全なる詩とは文字のない空白ページであると公言して憚らない者もいる。無いものよりつよいものは無い。だから

原注13　セーレン・キルケゴール『不安の概念』（邦訳岩波文庫ほか）Søren Kierkegaard, *The Concept of Anxiety* (Princeton, NJ, 1980), p.133.

物理的な現実に拒否反応を持つ人々は空虚に深い親近感を抱くのである。自由であろうとする精神の最終的な勝利は、この世界全体の消滅である。そうなれば、もはや世界はわれわれと欲望の間に割って入って干渉できなくなる。その意味では、人間の欲望とは、つまるところ無になるためのものなのである。

すでにエリウゲナのケースで見たたように、神学にとっては神もまた純粋なる無である。神は物理的な実体でもなければ、地球外の物体でもない。宇宙の内にも外にもいない。神は異様ないでたちの様式主義者《フォルマリスト》でもある。創造の営みのなかで話される言葉はさながら数学である。それは宇宙の法則への手がかりではあるが、まったく内実がない。純粋な操作記号である。数学も様式であって実質はない。その点では音楽ともきわめて近い。しかし、神がなす否定的なふるまいとして、身体をもち有限であることを嫌うところはない。むしろブレイクが言うように、神は実在の事物に惹かれる。キリスト教の信仰では、神は痛めつけられた人間の肉体に宿って崇高なる自己表現をする。神は肉体という様式に、とりわけ切り苛まれた肉体という様式に宿る。

地獄というといまにも襲いかかってくる現実に思えるが、ピンチャー・マーティンのケースで見たように、一種の虚無である。存在に対する執拗な反撃でしかない。「それこそが地獄にとっての密かな愉悦であり安全保障である」と『ファウストゥス博士』

は記す。「それは知らされることはない。外に向かって話されることもない。いくら新聞が記事で公けにしようとしてもできない。（中略）どんな手立てをもってしても――言葉はもちろん他の何をもってしても表わせない」。地獄とは、象徴主義詩人の空白のページと同じように、言語を超えているのである。それ自体には明らかに得体のしれない資質、言葉の網の目をすりぬけ、人の会話からも巧みに外れてしまう資質がある。ルードヴィヒ・ヴィトゲンシュタインが著作『哲学探究』で述べているが、それ自体で存立根拠を有しているものには何を言っても通じない。同じことが、日常生活を超越するモダニズムや実験芸術の作品にもあてはまる。それ自体で存立根拠を有しているものと同じで、これらは自らを生み出した歴史とも絶縁している。〔アドリアン・〕レーヴァーキューンとも同様で、周囲の社会的な環境の影響をうけない。善と悪とも同様で、いってみれば自分自身が生みの親のようなものなのである。

悪魔とアドリアンの芸術作品の間にも似た関係がある。ちなみに両者には一種の仲間意識が生じている。ピンキーのケースで見たように、悪魔は精神的選良だけを受け入れる排他的な社交クラブのようなところがあるが、誇り高いことこの上ないレーヴァーキューンもしかりである。彼にとっては普通の暮らしなどとるに足らない下等なものでしかない。さらに彼が生み出す前衛芸術作品も、悪魔と同じように虚無的である。それがめざすのは、既存のすべてのものを消滅させてゼロから再出発することであり、既存の作品を吹き飛ばすことによってしか自らの独創性を獲得・確立できないからだ。

『ファウストゥス博士』では、招待客《ゲスト》を装ってやってきた悪魔は、やがて〔悪魔の証である〕偶蹄をもったランボーかシェーンベルクのような革命的前衛芸術家であると判明する。彼は中産階級の凡庸さを軽蔑し〔「神学的なステータスがまるでない」と彼は嘲る〕、そこから脱出する道として絶望を薦める。神は聖人と罪人に関心を抱くが、凡庸な富裕層は相手にしない。両極端は通じ合うところがある。少なくとも絶望についてはそれを精神的に奥の奥まで受け入れることができ、聖人たちを茶化すこともできる。この悪魔は、他の評価はさておき、堅物の中産階級には強い軽蔑心を抱いている。その点では、ぼさぼさ髪のボヘミア出身の芸術家〔ヒトラーのこと〕とよく似ている。ただしナチスは郊外生活者の倫理観も軽蔑していた。

　毎日の生活がますます凡庸でつまらなくなり、ついに悪行が誘発されることになる。生活が味気なくなると、芸術が頭をもたげてこんなことまで企図する。成果を出すには悪魔と一緒に夕食をとって、言語道断の極端なことをやってのけるしかない、と。それは悪魔流の破天荒な掟破りになる。それには、これまでにはない極端な力が引き出されなければならない。そして首尾よく悪魔好みの芸術が提示されると、郊外生活者たちの凡庸さは叩きのめされ、抑圧されていたエネルギーが解き放たれる。そうすることで、善きもののいくつかは、悪から救い出されるかもしれない。シャルル・ボードレールからジャン・ジュネまで、彼ら芸術家たちは犯罪者や狂人や悪魔崇拝者や過激分子と交わってきた。それらをざっと俯瞰すると、現代芸術《モダニスト・アート》のなかには、郊外生活者たちが軽蔑するような、自ら空疎を求めているものが見受けられる。それらは純粋な様式を追い求め、空疎という観念に酔いしれているのである。

『ファウストゥス博士』をめぐるこうした芸術問題の背後には、実はより深い政治的な問題が隠されている。ファシズムの問題がそれだが、ありきたりのリベラリズムやヒューマニズムでは、はたしてそれに当たる任に堪えられるだろうか？　リベラリズムの主義信条には背骨がなさすぎて、尊敬をかち得ないのではないか？　どのようにすれば、人間性に潜む残忍非道の文明版へ目をむけ、それに打ち勝てる旗印を掲げることができるのか？　おそらく、似たものが似たものを癒すというホメオパシー療法*にならって、悪魔的なるものを抱きとめることでそれに打ち勝つ道をとるべきだろう。社会主義とモダニズムは共に危うい選択かもしれないが、リベラルなヒューマニズムに比べると、少なくとも斬り込みの深さではファシズムにひけはとらない。このマン

＊「同種療法」と呼ばれる治療法。病気や症状を惹き起こす物質と同じもので病気を治す西洋医療。

の小説の語り手は、あまりに上品かつまともすぎて、彼が直面している奇怪きわまりない事態に対処できそうにない。

ボードレールからイエーツまでのモダニスト芸術は、垢抜けした啓蒙家の側面を積極的に担っている。すなわち、人は地獄に堕ち、人間性のなかに残忍で理不尽で破廉恥なものを目の当たりにすることによってのみ救済を得られるのだと。同様に社会主義者も、地球上のクズと見られる危険で何物ももたない人々を団結させことによってのみ歴史を変えることができると考える。またフロイト主義者たちは、蛮勇をふるって無意識というメドゥーサ*の首をじっと見つめる。

しかし、こうした「主義者」たちは、彼らが乗り越えようとする粗野で野蛮な連中と手をつなごうというのか？　悪魔と夕食を共にしながら毒を食らわずに逃げ帰ることができるのか？　リベラルなヒューマニストの残党を一掃することで、良き世界をめざす地歩を築けるのか、それとも恐ろしくも狂暴な野獣の出現のために道をつくるだけに終わるのか？

おそらく、最終的には、すべてはその人の死に対するスタンスに帰着する。マンの小説の語り手のように、死を生に対する許しがたい侮辱だと拒絶することもできる。あるいは語り手の友人であるレーヴァーキューンのように、たとえ間違っていようと

＊ギリシャ神話に登場する3人姉妹の怪物ゴルゴンの一人。頭髪が蛇、顔は醜怪。

も死をわが胸に抱きしめることもできる。彼は、性病に罹るという形で死を求め、まぎれもない本物からするとやや盛りを過ぎた模造品を手に入れる。彼は、いわば自らの血を吸う吸血鬼であり、自らに住みつく寄生虫であり、生と死のぼんやりとしたあわいにある死滅から生を吸い出すのである。これは悪魔に共通する属性である。こうした属性をもつ者のなかでは、この自己吸血鬼がもっとも興味深いが——いっぽう悪魔のほうは、前述したように、自らのなかにあいた空白を他者から生命を吸い取ることでなんとか埋めようとする。生きているように見える人形を前にしたとき、われわれが感じる禍々《まがまが》しさは、こうした状況の残影なのである。芸術もまた生と死のあわいを漂う。芸術作品は生のエネルギーにあふれているように見えるが、それ自体は生命をもたない物体でしかない。芸術の不可思議は、紙のページの上の黒い点が、あるいはキャンバスの上の顔料が、あるいは弦の上の弓が、なんとも豊かな命を生み出すことにある。

アドリアン〔・レーヴァーキューン〕の作品のような実験芸術もまた「人間不在の冷徹さ」という様式によって死が内包されている。レーヴァーキューンの音楽では、これでもかと感情に訴えるのではなく、飾り気がなく人間らしさが排される。そもそも芸術にとって様式とは無機的なもので、だから人間くさいリアリズム芸術はそれを嫌って隠そうとする。しかし、アドリアンの作品が徹頭徹尾冷徹で分析的だとしても、内実はむしろ逆とも言える。すなわち、彼の作品は負のエネルギーをもって現代のトップレベルの知性を原始的で自然発生的なものへと後退させるからだ。多くの現代芸術の旗手たちは原始的なるものと前衛的なものとの融合をめざす。T・S・エリオットの『荒地』がその好例だろう。

エリオットは同書でこう述べる。「真の芸術家は、市民たちよりもはるかに原始的であると同時に洗練されていなければならない」。文明を再生させるためには、過去の時代の原始的なエネルギーを援用しなければならない。しかし、もっとも新しいものともっとも古めかしいものの悪しき融合もある。その現代的事象の典型がナチズムである。ナチズムは革命的な未来に向かって精神を高揚させて行進しながら、その背後では死のための最新技術を押し進める。いっぽうで、ナチズムが課題とするのは血と大地と本能と神話と暗黒の神である。これらが一つに融合されたときのファシズムの衝撃力は尋常ではない。その魔力に惹かれないものは、神秘主義者から進歩の勝利者であるエンジニア、もったいぶった復古主義者まで誰一人としていないだろう。

こうしてモダニズムもファシズムも、原初的なものと進歩的なものの融合を求める。そのめざすものは、あるがままを残した洗練、自然をとりこんだ文明、庶民と共にあるインテリである。近代を生み出す技術的な牽引力は、実は前近代の「野蛮な」本能が源泉となっている。われわれは理性的な社会秩序という衣を脱ぎ捨てて、あるがままの「野蛮」の力を取り戻さなければならない。だが、それは元通りの自然状態に帰ることではない。逆に、〔アドリアン・〕レーヴァーキューンが彼が信奉するニーチェの哲学を援用して言うように、新しい野蛮とは旧来のそれとは違って、自覚的になされるものである。旧来の「野蛮」がより高次で知的に洗練され、現代の分析的な思考のレベルにまで高められるものだ。すなわち、洗練された理性とそれが抑圧してきた本源的な力が再び結合されるのである。D・H・ロレンスの『恋する女たち』の主人公ルーパート・バーキンが嫌悪をおぼえた、彼の周囲の退廃を気取っている上流階級に認められる行動規範であり、本物の暴力主義者も顔負けの卑しい知的な暴力礼賛主義者の気配を漂わせている。

悪魔の二面性

それらは悪魔をめぐる問題とどう関わるのか？　ある人からすると、それは悪魔がもたらす問題への間違った解決でしかない。悪魔について興味深いのは、理路整然であると同時にでたらめに見えることだ。ちなみにレーヴァーキューンには寒気がするほどの合理性と、乱痴気騒ぎに酔う快楽主義が同居している。彼は単なる知的なひねくれ者ではない。彼の音楽作品には猥雑な没価値に淫するところもある。それは、この小説で語り手が「血の通った野蛮と血も涙もない知性の融合」と呼び、「この知性の誇るべき極致は、動物がもつむき出しの本能と直結していて、それを恬《てん》として恥じることがない」とされる描写に込められている。この危険きわまりない融合をどう理解したらいいのだろうか。

実際、そこには何の謎も秘密もない。いったん理性が感覚から離れたとたん、両者の上には壊滅的な状況が生じる。理性は抽象化し複雑怪奇化して現実の生命活動と接点を失う。その結果、生命は無価値で単なる操作の対象に堕す。同時に感覚は暴走をはじめる。理性によって内側から形づくられることがなくなるからだ。理性が合理主義への傾斜をつよめると、本能は官能主義へと走る。理性は生命を失ったただの形式となり、身体的実存は感性を貪って生き永らえる。悪魔が傲岸不遜な知的存在だとすると、いっぽうで常識を小ばかにする野卑な道化師でもある。虚無主義者《ニヒリスト》と道化師はともに、少しでも意義あることに忌避感を抱く。したがってアドリアン〔・レーヴァーキューン〕の音楽が秩序に焦がれながら地獄の混沌に襲われるのは驚くにあたらない。結局、よくあることだが、神経質なまでに秩序にこだわる人間は、内なる不安に向き合っているからに他ならない。性《セックス》について考えるのを忌避する頑迷なキリスト教原理主義者がその好例であろう。

小説家のミラン・クンデラは『笑いと忘却の書』で、人間のうちに潜む「天使性」と「悪魔性」について次のように対比している。「天使性」は現実にほとんど根をもたない空疎な大言壮語の理想を語ることであり、「悪魔性」とは人が意義と価値があると考えるものに対して愚弄を浴びせることである。「天使」は意義あることであふれ、「悪魔」はそれを忌避する。ちなみに「天使」は「われらが素晴らしい国を神は祝福したまう」といった常套句を口にするが、これに対して「悪魔」は「どんな国でもね」と返す。「(天使が君臨する)この世界が争う余地がないほど意義あることにあふれているとしたら」とクンデラは述べる。「人間はその重みに耐えられず頽《すた》れるだろう。(悪魔が君臨する)この世界にはあらゆる意義がないとしたら、いかなる生命も存在することはできない」。悪魔が神を前に挑戦的な笑いを投げつけると、天使は抗議の叫びを上げる。

その悪魔の笑いについてクンデラは言う。「万物に意味などないと指摘し、いっぽう天使の叫びはこの世はいかに合理的につくられ、美しく、善きことと分別に満ちていることかと喜ぶのだ」。天使性とはたとえれば政治家であって根っからの楽天家で夢想家である。すなわち、必ずや進歩は達成され、挑戦は成就し、分配は実現され、神はご贔屓の〔保守的キリスト教徒が多い〕テキサスに宿る。かたや悪魔性はたとえれば生まれつきの冷笑家・皮肉屋であって、その語り口は政治家が公けの場でなく私の場でするつぶやきに近い。彼らは権力と食欲と自己利益と算盤勘定に信を置いている。他の諸国と違って、この天使性と悪魔性を同時に備えもっているのがアメリカ合衆国である。これほど誇張された公的な言葉と消費資本主義という実態のないものとが見事に結合している国はまず見当たらない。前者が後者を嫡出するための役割をしっかりと担っているのである。

魔王《サタン》が天使《エンジェル》と悪鬼《デーモン》とを二つながら自らのなかにもつのに対して、悪魔《エヴィル》は二つの属性を結合させる。片方の側――禁欲的な天使性――は肉体性という堕落した世界を超越して無限・無窮をめざそうとする。しかし、現実から精神が離脱することは、現実世界を無価値なものにする。無価値で無意味なものがあふれると、悪魔の悪鬼的な側面が跋扈《ばっこ》できる余地がます。つねに悪魔は意義あることを過剰に提示するかまったく提示しないか――あるいは両方を同時に行なう。この悪魔のもつ二面性の好例がナチスである。ナチスが自己犠牲、英雄主義《ヒロイズム》、純血主義を「天使」のごとく誇張するのは、死や実在しないものに相通じるフロイト主義者が「卑猥なる快楽」と呼ぶものにとらわれているからでもある。ナチズムは、人間の肉体性を忌避する狂った理想主義であるいっぽうで、そうした理想を延々と面罵もする。異常なまでの格調と異常なまでの冷笑が同居しており――たとえば総統《ピューラー》と父なる祖国に対しても過剰な美辞麗句で讃えるいっぽうで、根本的なところで懐疑的である。

こうした悪魔のもつ二面性は互いにつながっている。理性が肉体から離れるほど、肉体は意味をもたない知覚に分解される。理性が抽象的になればなるほど男も女も実体をもつ生命体としては生きられなくなる。人間が実在していると証明するには、ますます粗野な感覚に訴えなければならなくなる。聖譚曲《オラトリオ》は一面では乱痴気の曲でもある。実際、アドリアン〔・レーヴァーキューン〕の聖譚曲《オラトリオ》も悪魔のもつ二面を融合させ、小説ではこう記される。「大いなる祝福と大いなる禍々しさの実体的な合一、幼児の如き天使のコーラスと悪魔の地獄の高笑いの内なる結合」。レーヴァーキューンは高潔なる芸術家であるいっぽうで、「なんとも謎めいた印象的な現象を嘲り笑いたくなる」衝動を抑えることができない。彼には現実の事象が、貧相なまがい物か冗談のようにしか見えないからだ。

彼は言う。「なぜすべての事物は、自らのパロディにしか見えないのだろう?」。彼は実体のない不条理な事物を見抜く炯眼をもっていて、どこにでもそれを見つけだす。

すなわち地獄とは、ひたすら恐ろしいだけの苦痛ではない、躁状態の笑いにあふれる苦悩でもある、と。それは皮肉たっぷりの無駄口である。物事を見通し、あえて安っぽいまがい物に快楽をおぼえるビッグブラザー*に強く惹かれる知識人のように。価値などないと知ることは苦悩の源泉であるが、いっぽうで精神的な優越感をもたらしてくれる。だからこそ、人にとって苦悩は喜びでもあるのである。

悪魔は自らの居場所についてこう語る。

この無音の壁の内側は、まさに耳をつんざかんばかりの大音響の洪水。キーキー、ワーワー、ゴロゴロ、ギャーギャーと苦悩と快楽がないまざったこれまでに聞いたこともない音であふれかえっている。(中略)そこにあるのは、受難につきものの激しい嘲りと辱《はずかし》め。地獄の至福ともいうべきは、哀れみをこめた野太い嘲りと果てしない苦悩の侮蔑。しかも高笑いを浴びせられ指さしをうけながら。ここでは呪われた者たちは苦痛だけでなく嘲りと辱めにも耐えなければならない。しかりは、苦痛と誹《そし》りがないまぜになった怪物であり、耐えがたいけれども、それでもいつまでも耐えつづけなければならないものなのである。

＊ジョージ・オーウェル『1984』に登場する独裁者。

この暗黒世界は、「苦悩の快楽」「哀れみをこめた嘲り」「地獄の至福」といった自己矛盾のフレーズでひたすら描かれるだけである。これは、jouissance、すなわち「猥褻なる快楽」の極致である。それをときめかすのは、激しい折檻を受けることで得られるマゾヒズム的快楽である。地獄はSM〔サド・マゾ〕的因習とともにマゾヒストたちであふれている。この地獄の穴にいるということは、自らを破壊することでねじれた満足を得られるという、死の衝動の支配下に堕ちるということに他ならない。そうした呪われた人々の苦笑と道化の意味するものは、自らだけでなくすべてのものが稔りあるものだと思い込んでいる人たちへの嘲りである。そこには、物事には価値がなければならないという呪縛から自由になったというねじれた満足感がある。高笑いで訓話を突然中断させるふるまいも同じである。地獄とは理想主義に対する虚無主義《ニヒリズム》の最終的勝利である。自分たちはこれ以上堕ちることはないという歪んだ安堵を覚える人々の叫びと笑いにも似た響きがそこにはこめられている。賢者には絶対に見つけられそうにない——物事には意味などないという究極の秘密を手に入れたらしいと狂喜する人々の、はしゃいだ言動も同じである。それは低俗な笑劇であって、高尚な喜劇の笑いとは似て非なるものである。

地獄とは、狂った、不合理で、奇怪で、トラウマを受ける、超現実的で、不快で、糞尿にまみれた世界であって、ジャック・ラカンは、古代の狂気と破滅の神の名をとって「アーテー」と呼ぶ。そこは荒廃と絶望の世界であるが、その住人たちは、一瞬たりとも絶望を奪われたくないと思っている。なぜなら、絶望は、あらゆる馬鹿正直な理想主義者たちに打ち勝つ武器になるだけでなく、自分たちが実在していると確信させてくれるからである。しかし、これは嘘で、彼らも知っているが、前述したように、神学的には、神以外に生命は存在しえない。ピンチャー・マーティンのように、すべてを見通していると信じる悪魔たちでも最後はこのような幻想にとらわれてしまうのである。

第2章

猥褻なる快楽

『マクベス』の三人の魔女

二十年ほど前、私はシェイクスピアに関する小論[原注1]を発表、そのなかで『マクベス』の三人の魔女たちこそが同書の主人公《ヒロイン》であるといういささか乱暴な論を展開した。シェイクスピア当人が読んだらおそらく当惑するかもしれないが、私としてはその論拠にいまも確信をもっている。しかし、論旨をより明確にするために、ここで加筆修正をしておこう。

そもそも私のつむじまがりの主張の根拠とはなにか？　三人の魔女は、マクベスが生きたスコットランドの抑圧的で上意下達の社会秩序とは相入れず、そこで受けた言語に絶する仕打ちに復讐心を抱いている。彼女たちはすべての体制から身分と地位を追われた者たちであり、陰の境界地に自らがつくりあげた女性共同体《コミュニティ》の住人である。男同士の競争や軍事的な栄誉といった社会的な秩序とは無縁であるだけでなく、それに抗おうとする。

この戯曲では、主要な男性登場人物が昇進や地位の確保にやっきなのに対して、魔女たちは魔女ならではの神出鬼没さ（身を消したかと思うと再び姿を現わす）で男どもの確固とした存在価値《アイデンティティ》を台無しにしてしまう。「不完全なる語り手」として、怪し

原注1　テリー・イーグルトン『ウィリアム・シェイクスピア』（大橋洋一訳、平凡社、1992年）Terry Eagleton, *William Shakespeare* (Oxford,1986),pp.1-3.

げな謎かけをしかけながら、正統の体制の境界の地から無意味について詩的なやりとりをしてみせる。やがて筋が進むにつれ、魔女たちの謎かけが、〝二重の意味をもって〟社会秩序をじわじわと冒していき、どちらともとれる状況を生みだし、狂気の沙汰を繰り広げさせ、〝二人の王国の王者に苦悩をもたらす。魔女たちはマクベスに言う。「女の腹から生まれた者」には殺されることはない、と。事実、彼は帝王切開によって生まれた男に殺される。

その意味で、蓬髪の鬼婆たちは、この戯曲に秘められた無意識を呼び出す役割を担わされているのかもしれない。そこでは物事の意味や価値は揺らいでもつれにもつれる。鬼婆たちの前では、事物の定義はあっさり覆され、逆の意味になる。すなわち、きれいはきたない、きたないはきれい、あるのは無いというものだけ、と。三人の魔女たちは両性具有（ひげのある女）であり、単数複数両有（三人で一人）である。かくして、魔女たちは社会の性的な安定秩序の根底を撃つ。魔女たちは心中にあるうつろな怒りの叫びをあらわにして男性の権力を嘲る過激な分離主義者である。言葉と身体表現をもって、男女間の厳格な境界を小ばかにし固定された存在基準《アイデンティティ》をからかう異端の女性教団の帰依者なのである。要するに、この忌まわしい魔女たちは、後にパリから生まれるあらゆる最新のフェミニズム理論をとっくに予言していたのである。

しかし、当初私がこの干からびた指の老婆たちに対して抱いた関心のなかで、ある重要な一点については修正しておかねばならない。魔女たちが否定・非難されるべきは、物事の定義を曲解して「匿名で事をなす」ということである。それは、当然マクベスのスコットランドのような硬直した社会秩序には脅威となるが、それ以外のあらゆる社会秩序にとっても同様である。歯なしの老婆たちは政治体制にとっては敵である。魔女たちの問題点は、前向きな存在を忌避することである。そこが血にまみれたスコットランド貴族という前向きな存在と違うところで、だから彼らのような殺戮者たちに対して政治的な対案を提示することができない。実際、魔女たちは、生きものがバラバラにされ、毒をくらった腸《はらわた》、赤子の指先、イモリの眼、犬の舌、トカゲの足などがぐつぐつと煮えたぎる大鍋に投げ込まれるのを、猥褻なる快楽をもって見守るだけなのである。

魔女たちは明らかに非生物である。自らの身体にはしばられず、好きなときに姿を現わしたり消えたりする。この身体性の欠如は、シェイクスピアの作品に登場する、姿形を自在に変え謎かけをしながら真実を語る道化に似ている。ただし、『テンペスト』のアリエル*の場合は天恵の混ぜ物の一種で、よくいってせいぜい自由の反面教師である。アリエルは自由を許されると姿形を消す。先にふれたピンチャー・マーティンや

*大気の精。「真夏の夜の夢」に出てくる妖精と似ているとされる。

アドリアン・レーヴァーキューンも同じように身体から離脱する。有限で実体があるものを嫌うというのは魔女もまた同じのようだ。

この蛇食いの両性具有者たちをかくも革命的にさせているもの——実際政治体制を転覆しかねない——も、連中の〔世間との〕折り合いの悪さにある。彼らが社会秩序を頭から認めないのは、神に創られた存在を頭から認めないからである。それはただ単に、そこは時には興味をもちはするものの彼らが住んでいる世界ではないからだ。そして、こうした創造物の拒絶は、先に見たように、伝統的に悪魔と似たところがある。存在を一切認めないということは、男たちの階層制度《ヒエラルキー》にとどまらず、違いや多様性も認めないことを意味する。『マクベス』の魔女たちの夜のシーンではすべての牛たちは黒く見える。それは、人も羨む特権的存在を台無しにし、戦さ好きの貴族たちを嘆き悲しませるにはいい方法ではあるが、いっぽうですべてを一緒くたにして一切の違いをなくしてしまう善からぬ方法でもある。

悪魔は、姿形が定まらない川底のヘドロに似たところがある。ロバート・ルイス・スティーヴンソンの寓話小説《ファーブル》『ジキル博士とハイド氏』で、ジキルは悪魔のハイドのことをこう考える。「生命力は旺盛ながら、さながら地獄の悪鬼なだけでなく、無機の非生物でもある。なんとも恐るべきことに、ぬめぬめした地獄のヘドロが喚き叫ぶがごとく、死んで形もないものが生命のはたらきを奪うのだ」[原注2]。

悪魔は糞、あるいは強制収容所の死体に似ている。犬の舌から死産した赤子の指まで、ありとあらゆるものが三人の魔女たちによって投げ込まれる濃厚な粥とも似ている。悪魔は一面で選良《エリート》の顔をもっているが、反面のそれは真逆である。彼らからすると、神によって創られたものは矮小すぎて違いを云々する価値もない。『マクベス』では、穢《けが》れのないことは、罪深いことと同じく、魔女たちがはじめた恐ろしい業《わざ》によって、木っ端みじんにされる。そこには祝福されるべきものなどなにもない。

魔女たちの怪しむべきふるまいのなかで、もう一つ問題にしておきたいものがある。政治体制の外にいるということは、目標も野心もない。すなわち明日に関心がないわけで、そのあり方は線的よりも円環的なものだ。魔女たちにとって時間の進み方は螺旋的で(「明日、また明日、また明日……」という)、マクベスのようにむなしい最期を迎える直線的なそれではない。直線的な時の流れは欲望を達成するための手がかりであり、いっぽう二枚舌の鬼婆たちのふるまいは、いわば輪になって踊るダンスであり、月の周期や暗誦に似ている。また、魔女たちは予言によって時間をゆがめる。彼女たちにとって未来はすでに起きてしまったことだからだ。

そんな悪魔の業に冒されたマクベスは、欲望を未来に向かって果てしなく膨らます

原注2 R・L・スティーヴンソン『ジキル博士とハイド氏』(邦訳新潮文庫ほか) R.L.Stevenson, *The Strange Case of Dr Jekyll and Mr Hyde* (London,1956), p.6.

はめになる。魔女と違って人間は時間の制約のもとでしか生きられないからである。それは「大いなる野望」となり、現状には満足できず、さらなる成果を熱望して現状を否定しつづける。その野望は形をとったかと思うと、じきにほぐれて少し形をかえる。そうしてマクベスは、揺るぎない自らの存在根拠《アイデンティティ》を最後まで追い求めて、自分自身をつかめないままで終わる。野望はやがて自らを裏切る。王者としての地位を確固たるものにしようとする行動が最後は裏目に出るのである。

　このように魔女たちの虚無が入り込むことで、人間の歴史は完膚なきまでに破壊的で破滅的になる。野望の中心は虚無であることが明らかになり、それによってますます欠点だらけで稔りのない行動に人を駆り立てる。すでに見てきたように、そこにあるのは善きものであれ悪しきものであれ虚無であり、この二つの虚無を結びつける存在こそが〔三人の魔女という〕醜悪なゴルゴン*であると、この戯曲は言っているのかもしれないのである。

　そもそもこの皺くちゃの指の醜女たちはなぜ、ダンカン、マクベス、バンクォー、マクダフの一族、そして様々な登場人物を貶《おとし》めようとするのだろうか？　この戯曲ではなんらかの考えなり見解なりが示されるわけではない。解答が示されないのは、特段の考えも見解もないからである。魔女たちが究極のペテン師たるゆえんは、全くの

*ギリシャ神話に登場する3姉妹、ステンノ・エウリュアレ・メドゥーサ。

無目的たるところにある。彼女たちには目に見える特定の目的があるわけではなく、ひたすら大鍋の周りを踊るだけである。何かをなそうともしない。物事をなすことは彼女たちが否認する社会の一部であるからだ。それは、手段と目的、原因と結果という王国の構成要素であり、そのような王国はこの薄汚いお節介焼きのフェミニスト婆とは縁もゆかりもないものだからである。彼女たちは魔女であって戦略家ではない。マクベスを破滅させようとするのは、彼の性根が悪いからではなく（実際、魔女たちと出会うまではそうではなかった）、ただ面白半分からするだけなのである。

イアーゴとオセロ

さて、ようやく悪魔という考えの中心部とおぼしき部分が垣間見えるところへ辿りついた。それには実際的な目的がないか、ないように見える。悪魔とは究極の無目的なのである。目的などというものは月並みと同様に、物事の純粋性を損なうものでしかないからである。その点では神に似ている。神が姿を現わすときにはその理由や目的などない。存在するから存在するのである。宇宙を創造するのも手すさびからで特段の目的などはない。悪魔は因果律を認めない。目的があると認めることは、自己矛盾、自己の存在根拠の喪失を意味するからだ。しかし、無目的を形にしてみせることはできない。だから限られた時間のなかに姿を見せることはできない。時間とは違いであり変化であるが、かたや悪魔はうんざりするほど永遠に変わることはない。その意味から地獄は未来永劫だとされるのである。

シェイクスピアの他の傑作のなかで、完全に目的を欠いた悪魔の例としては、『オセロ』のイアーゴが挙げられる。イアーゴがムーア人〔オセロのこと〕に嫌悪を抱く動機については、『ヴェニスの商人』のシャイロックがアントニオに抱くのと同じように様々ある。しかし、どちらの場合も、動機の理由とされるものは嫌悪感とは対応していない。両者とも、動機はどうみても行き過ぎで、さながら自分でもはかりしれない情念を合理化しようとしているかのようである。興味深いのは、イアーゴのオセロに対する敵愾心の根がイアーゴの虚無《ニヒリズム》にあるということである。イアーゴは自らの意思の力と食欲以外は信じない皮肉屋にして唯物主義者であり、あらゆるものは無価値だとみなしている。

「徳だと？　くだらない！　何事も自分次第。ああなるのも、こうなるのも。われらが身体が庭なら、われらの意思が庭師だ。たとえイラクサを植えようが、レタスを蒔《ま》こうが、ヒソップを生えるにまかせて、タイムを引き抜こうが、（中略）要は、われらの意思の下の力次第なのだ」

〔イアーゴによれば〕この世界は、独立した個人の意思次第でどうにでもなる融通無碍なものである。人も同様である。人間は自分で自分を創り上げる。神や自然や血族、あるいは客観的価値などよりも、同じ人間をお手本にする。シェイクスピア作品の悪の登場人物たちがそれである。徹頭徹尾、あるがままで旧来の因習や慣習にはとらわれない。価値もイメージも理想も慣習も単なる飾り物にすぎない。邪悪な連中にとって、これは以前から当たり前のものである。実際、人は何ものからも束縛されずに存在しうるとは、オセロ以上に無知蒙昧でなければ考えられないことだ。自らが自ら自身の作者であろうとするこうした人々は、性的な嫉妬にとらわれている状態にあるに等しい。さながらイアーゴの妻エミリアが「それは怪物であり、自らを親として生まれたものなのである」と言うように。

シェイクスピアの頭のなかには、自らを親として生まれ、自らで自らを育て、自らの存在を自らが定義する、そんな意味不明な邪悪な着想があり、それは彼の作品に繰り返し登場する。その具現の一つがコリオレイナスで「まるで自らが自ら自身の作者であり、親類縁者はいない」というキャラクターである。しかし、この孤高の人物は虚無の人でもある。すなわち「男は無きに等しく肩書きもなかった。焔の男、燃えるローマと自らを命名するまでは」。

多くのシェイクスピア作品に登場する冷笑家と同じく、イアーゴには道化の一面があり、好んで暴露をしては状況をぶちこわす。ハンナ・アーレントが指摘するように、ナチスによるユダヤ人虐殺《ジェノサイド》の実行責任者であったアドルフ・アイヒマンは、「（裁判においては）誰の目からも、『モンスター』ではなく、道化ではないかと疑わざるを得なかった」[原注3]。アーレントによれば、アイヒマンは、悪魔が意図的にそうあろうとする不快で唾棄すべき人物ではない。マクベスのような悪魔の大物でもなければ、単純な馬鹿者でさえない。「真の無思考者」であり、それが彼を現代で最大の犯罪者にしたのである、と。そして、大胆にも、陳腐なだけでなく「滑稽」ですらあることに着目する[原注4]。すなわち、道化であることがあらゆる価値を否定するところへ向かうなかで、それはモンスター化する。笑劇とは人間の営みから意味をはぎとり、それを単純な動作に貶《おとし》めてしまう。ナチスの心中に生じた対ユダヤ人観もこれであった、と。

たしかに暴露は積極的な道化の一種である。それは、思いあがった連中の鼻をへし折りはするが、虚無的な世界へ危うく近づくことにもなる。嘲りと破壊によってのみ存在感の代償を得るイアーゴのように。この種の悪魔の行ないには、わざと調子を外すことで、物事の評価を下げて面白がる小意地の悪さがある。そこで問題なのは、健全なる因習打破の行ないが病的な冷やかしに限りなく近づいてしまうことだ。イアー

原注3　ハンナ・アーレント『イエルサレムのアイヒマン　悪の陳腐さについての報告』（大久保和郎訳、みすず書房、1969年）Hannah Arendt,*Eichmann in Jerusalem:A Report on the Banality of Evil*(Harmondsworth,1979),p.54.

原注4　同上,p.288.

ゴは徳や美を目にすると、それを醜いものに変える衝動を抑えることができない。オセロに対する態度がまさにそれで、それは別の登場人物であるキャシオへの評価と同様である。「やつの日常の営みには美がある。そいつが俺を醜くする」

こうしたイアーゴとは対照的に、オセロは高潔でありたいとの思いにとらわれている。そこには途方もない自己満足があふれていて、イアーゴを我慢ならないほど苛立たせる。オセロの自我礼賛ぶりたるや、かくも朗々たる彼の語りに示されている。

ポンティック海の
その氷のような潮流が滔々として、
断じて逆流することなく、ひたすらまっしぐらに
プロポンティック海へ、そしてヘレスポント海峡へと流れ込むように、
血がたぎった私の想念は、憤怒にかられて
けっして後ろを見ず、つつましい愛へは戻ったりしない。
かくも果てしなき復讐の大海に飲み込まれても、それは覚悟の上だ。

これは、抜け目のない処世にたけたイアーゴには苛立ちをもたらすだけである。お

そらくこの語りのなかに偽物の理想主義を見てとるからだ。ミラン・クンデラに言わせれば、さしずめオセロは天使的で、イアーゴは悪魔的と言えよう。オセロの語り口は長広舌の大言壮語に溢れ返っており、かたやイアーゴのそれはぶっきらぼうで現実的である。シェイクスピア作品に登場する多くの悪人と同じように、イアーゴの語り口はとことん現実的で、ムーア人〔オセロ〕のそれを「ご大層な話を並べたて戦争用語を連発して」と嘲ける。しかしそれらは、悪意はあるものの、「空疎で水増しされた憶測」を述べ立てるヒーローに対して評価を下げることにはなっていない。例によって朗々たる語り口ではじまるオセロの最後の自殺のくだりも、観客に周到に届けられた「みごとなるどんでん返し」と批評家に言わしめるものになっている。この軍人ヒーローは、自らの誇張されたイメージを真っ直ぐに生きているかのようだ。彼が拠って立つ基盤《アイデンティティ》はあまりにも広範にわたっているので、背後に空きができ、そこへ敵が忍び込む余地を与えている。

イアーゴから見ると、オセロは尊大きわまりない存在だが内側に空隙がある。しかも皮肉なことに当人は、自らの存立基盤《アイデンティティ》に何らかの欠損——不安定あるいは不完全な何かがあることに気づくことができないでいる。彼の高揚感は、内なる混沌《カオス》と向き合うことを避けるための方便である。

いっぽうのイアーゴは「俺はみかけとは違う」と言ってのけることでこう暗示している――オセロはみかけ通りほぼ兵士に見えてはいるが、内面には、いつも外に向けてつくっているあらゆる仮面の下に空虚を宿していると。イアーゴは否定形でしか自分を定義できない。つまり何者であれ自分は自分以外のものであると。それは「俺から毒舌をとったら何もない」という彼のせりふにも通じるものだ。彼は毒舌家と同様に、他人の創造的活動――彼が密かに軽蔑してやまない――に寄生している。なんであれ確固たる存在根拠《アイデンティティ》がないままに――純粋な役どころの俳優として――他人の自我を覆すことを演じるためにだけ生きているのである。

　だからイアーゴは、オセロがもつ完全無欠の自我が我慢ならずに、それをはぎとろうとするのである。そしてオセロの内面に潜んでいる空虚《ナッシング》をあばきだすことをはじめる。この内面に潜む空虚《ナッシング》は、『マクベス』では政治的な野心の形であるのに対して、『オセロ』では性的嫉妬の形をとっている。オセロから悩み事を訊かれてイアーゴは「なにもありません《ナッシング》、将軍閣下」と返すが、これはまさに正鵠《せいこく》を射た答えである。実際、イアーゴ自身が悩まされているのは虚しさ《ナッシング》、何もないことだからだ。しかしながら当のイアーゴの狙いはこうだ。これでオセロの心中にある恐ろしいこと――妻のデズデモーナの不貞疑惑――が浮かぶが、直ちに打ち消すだろうと。この打ち消しこそがやがてオセロを苛むことになり、根も葉もない性的な嫉妬という虚しい行ない《ナッシング》にいたるからだ。

この名付けようのない恐怖は、『マクベス』の魔女たちの戯言《ざれごと》と同じように、あらゆる自我の安定を根こそぎにする。それは全世界をなんとでもとれる危うい状態に変えてしまうからだ。この状態に特徴的なのは自己矛盾、逆転、二面性など歪められた論理で、『マクベス』の魔女たちのそれと似通っている。「私は妻は正直だったらと思う」とオセロは呻《うめ》くようにいう。「また、そうでないとも思う」。オセロは、イアーゴの巧妙な教唆に乗せられて、同一の事象を同時に信じられたり信じられなかったりといった錯乱状態に陥ってしまう。嫉妬に狂った誇大妄想によって、この世界はどのようにでも解釈されるようになる。忌むべき最たるものが人畜無害の徴《しる》しとされてしまう。オセロはなんとしても秘された謎の核心をひんむこうと心に決める、秘密の謎などあるはずもないということに気づかずに。

彼にとって周囲のすべてのものが、不気味なことに実在しないように見えるのは、それが恐ろしい性的な現実を隠して語ろうとしない虚飾の見世物だからだ。あるのは無いものばかりなのである。病的な嫉妬に陥ると、すべては衆目にさらされており、物事はそのように粛々と進んでいて、他人に見えているものは、当人が信じようが信じていまいが実在しているのだということを受け入れられなくなる。それはシェイクスピアの『冬物語』で、嫉妬に狂った主人公レオンティーズがこう叫ぶくだりに、明らかである。

ささやき合っていても、何《ナッシング》もないというのか？
頬と頬とを寄せ合っても？　鼻と鼻とを付け合っても？
内唇と内唇とでキスをしても？（中略）
ということは、この世のすべては、何《ナッシング》もない。
天を被うこの空も、ボヘミアも、何《ナッシング》もない。
わが妻も、何《ナッシング》もない、だったら何《ナッシング》もないものも何《ナッシング》もない。
もし、何《ナッシング》もないものが……

随所に「何《ナッシング》もない」が頻出し、それはさながら『ピンチャー・マーティン』で、岩礁、空、そして海が消滅するさまを彷彿させる。イアーゴが言う「何《ナッシング》もない」もそうだが、言葉というものはこの世界に穴をあけて切り裂く。言葉は実在しないものを実在のものにし、人に絶対にありもしないものを明らかにあると思わせてしまうのだ。

オセロはそうした妄想の明らかな犠牲者であり、それはフロイト流の分析にしたがえば、「意識下」の衝動を高邁なる理想主義に転化した結果である。フロイトによれば、そうした人間は本能を押さえ込むことで死の衝動の犠牲者へ自らをいざなう。それゆえ、天使性をそなえた人たちがいとも簡単に悪魔的な人間へと変身できるのである。オセロがちょっとしたことで尊崇をあつめる公的偶像から愚痴を連発する性的倒錯者へと転落したように。彼の断固とした雄弁は、訪れた高官たちに向かって「山羊と猿どもめ！」と叫ぶことで、地に堕ちる。国家の重鎮たちには思ってもみない妄言だからだ。

かたや理想化されたデズデモーナは、オセロにとって性的倒錯の対象としてふるまいつづけ――フロイトに言わせれば、この性的倒錯嗜好が無意識のなかで荒れ狂う現実を押し込めてしまう。「おお、愛しのものよ」とオセロはうめく。「私がお前を愛していないときが訪れたら、この世は再び混沌になるのだ」。妻の愛を必要としているとしたら、それが彼の恐るべき洞察力を封じ込めてしまう。彼自身から洞察力が失われることで、イアーゴはオセロを唆《そそのか》して彼の存在基盤《アイデンティティ》を内側から破壊させることができるのである。

禁書のなかの悪魔

悪魔について書かれた小説は山とあるが、その多くはそれ自体が悪魔とされて禁圧されてきた。ピエール・ラクロの『危険な関係』（一七八二年）も、当時の若き淑女たちに鍵をかけた部屋でこっそり読まれながら、最後はパリの王立法廷から「危険物」として断罪される運命を辿る。同書の主人公であるメルトイユ侯爵夫人と元愛人のヴァルモン子爵は、遊び半分の性的な駆け引きで相手を破滅させることにおいては怪物的な策士である。ヴァルモンは冷徹な計算にもとづいて敬虔なツールヴェル法院長夫人を誘惑するが、それは彼の企みにとって夫人の信心深さと誠実さが「仇」となるからだ。

その意味で彼の夫人に対する関わり方はイアーゴと同じである。彼は物語の半ばで夫人を捨て去り、夫人は絶望して命を絶つことになる。そして次は、かねてから夫人に彼は危ない男だと忠告をしていたヴォランジュ夫人に対して、彼女の十五歳の娘セシルを誘惑することで復讐を果たす。とりわけ彼の想像力を刺激したのは、名士である娘の婚約者が結婚初夜に、すでに娘が性のテクニックを仕込まれていたと知ったらどうなるかであった。結局セシルは妊娠して修道院へ隠遁することになるが、娘に恋していた若き貴族が怒りに狂って、ヴァルモンに決闘を挑み殺してしまうのである。

いっぽうヴァルモンの熱心なる共犯者であるメルトイユ侯爵夫人は、世界的文学作品に登場する人物のなかでも一二を争う悪女だと言われる。この二人の堕落した貴族は、「愛」という技芸、つまり精神病質者たちによるあらゆるサド的快楽に関わるゲームの達人である。当時の放埒をきわめたパリの上流階級においては、愛人とは敵対者であり、求愛することは女を狩りとって殺すことであり、女と同衾することは女を打ち壊すことである。ヴァルモンとその元愛人は抑制のきかない欲望の犠牲者であるがゆえに邪悪なのではない。その犠牲者ではないから邪悪なのである。それは知的なものと性的なものの融合であって、まさにガリア人〔フランス人〕の典型というべき特徴である。

この二人の貴族は、アドリアン・レーヴァーキューンと同じように喜怒哀楽のある血の通った生からは遊離しており、だから彼らの周囲のか弱き生き物を蹂躙するのである。そこにおいて愛とは、破壊の快楽のために行なわれる小競り合いか、心理的な実験に他ならない。慈しみなどとはほとんど縁もゆかりもない。こうした邪悪なる慈しみの欠落から見て、この二人は古典的な悪魔にきわめて近い。これは、サド侯爵からサルトルに至る流れのなかに一貫して見出すことができる属性である。ここには、悪魔とはフランス人のことであると信じさせるに十分な根拠がある。

ナチス、スターリン、毛沢東

『オセロ』は、ある男が他者を周到に、そして明白な理由もなく破滅させるさまを描いてみせる。純粋な悪魔とは私的な関心事は一切持ち合わせていないと一般に思われている。もしそれが正しいとすると、驚くべきことにこれまで検証してきた文学作品の登場人物には悪魔と呼ばれる資格がないことになる。ゴールディングが描くピンチャー・マーティンは、理由もなくなんとなく人を破滅させたりはしない。何事であれ創造のために創造したり、破壊のために破壊するような人間ではない。彼が楽しげに口笛をならしながら陶芸の轆轤《ろくろ》をまわすことなど想像できない。マーティンは自分の利害のために動く――かたや「純粋な」悪魔はそれが自分の利害を損なうことになろうとも破壊に走る。実際そんなことをすれば、厄介を抱えることになるのは目に見えているが、悪魔にとっては、そんな厄介はしびれるような喜びのための源泉でもあるのだ。

哲学者のジョン・ロウルズも（いつもの冷静でアカデミックな書きぶりに慣れ親しんでいる人には驚くような調子で）こう記している。「悪魔的人間を突き動かすものは正しくないことへの愛である。彼は不正が無益で屈辱であることに喜びを覚え、そこへ堕ちたのは自ら選んだ道だと認めることが嬉しくてたまらないのだ」[原注5]。悪魔とは純粋なる倒錯者であり、宇宙の歪みみたいなものだ。要するに、日常的な道徳観をひっくり返してみせることで、不正もまたひとつの営為だと認めよと言いたいのである。そのくせ、そんなことはありもしないと内心では思っているのだが。

グレアム・グリーンが描くピンキーは、伝統的な悪魔の属性をいささか裏切っている。彼は実際的な理由で（たとえば前科者であることを隠すために）殺人を犯すのであって、それは殺人のための殺人ではない。その意味では、彼はごく普通のワルたちと同じで、フランスでアクテ・グラトュ、「動機なき行為」と呼ばれるものとは無縁である。トーマス・マン描くアドリアン・レーヴァーキューンは子どもの死に対する責任を感じつつも、自らを破滅させるだけである。それも理由もなく自分を破滅させるのではない。そこには緩慢なる自殺という風雅な目的がある。『第三の警官』の匿名の語り手は明らかに地獄に堕ちているが、メイザーズ老人を殺すのは金のためであって、動機なき殺人ではない。

したがって、おそらく単に邪悪と呼ばれる人々も真に悪魔的な人々と一緒に地獄に堕ちるのである。『マクベス』の魔女たちは動機も目的もなく、ひたすら人間的な生

原注5　ピーター・デューズ『悪魔の思考』Peter Dews, *The Idea of Evil* (Oxford, 2007), p.4.

き方をぶち壊しているように見える。だが、前述したように、彼女たちは実在する魔女的な人々と同じで、批評家が描くのとは違って完全に真っ黒ではないのである。その点においては、イアーゴは、弁護の余地がもっとも少ない人物といえるもかもしれない。

いわゆる悪党どもを除外して悪魔を定義することになると、それは思いのほか狭くなるおそれがある。あまりにも専門的で細かすぎて悪魔以外には何の役にも立たないのではないか。実際、それはイマニュエル・カントが〝本源的《ラディカル》な〟悪魔と呼んでいるものになる。ひたすら邪悪のための邪悪であって、カント自身も実在しがたいと考えていた。カントにとっては、もっとも悪辣な連中ですら道徳律は認めるはずだからだ。しかし、悪魔の定義を厳密にすると、幼児殺しや北朝鮮を悪魔だといって断罪する人々がいるにもかかわらず、悪魔はほとんど実在しえないということになりかねない。いっぽう定義を広げすぎるとそれはそれで危なっかしい。ちなみにカントも、悪魔の同類として、邪悪、不埒、荒廃など、中庸を重んじる自由主義者《リベラル》が軽い不道徳だとみなす程度の言葉を用いている。カントにとっては、悪魔とはともすると道徳から外れがちなわれわれ人間の性癖のなかに存在すると見るからである。しかし、悪魔はそれよりもはるかに興味深い存在である。定義から外れたからといって、すべてが悪魔の名に値しないわけではない。

おそらくファシスト組織の上層部では悪魔は稀れな存在ではない。だが、少なくともほとんどの場合ファシスト自体は驚くほど少数である。いっぽうで、悪魔の登場は、飛行機の空中衝突のように大々的に起きるというのも事実である。ホロコーストがすぐに浮かぶが、それでもわれわれの頭にはそれは例外的な出来事だという思いがある。たしかに無辜《むこ》の男女と子どもたちを大量虐殺することは例外的だったが、その後、スターリンや毛沢東はもっと多くの人々を処分した。ホロコーストが例外的ですんだのは、現代の政治国家がもつ理性が全般として機能し、しかるべき決着をつけたからである。驚くべきは、現代において、明らかに面白半分に大量虐殺のための虐殺、悪魔的な動機なき行為《アクテ・グラトュ》が行なわれたということである。ほとんどの場合は、このような悪魔の行ないは個人的な世界に限られている。一例をあげると、一九六〇年代にイギリスでおきたいわゆる「ムーア殺人者」*で、彼らは狂信者ではなく、猥褻な快楽のためだけに子どもをいたぶって殺したのである。

その逆に、公けの世界で蹂躙のための蹂躙が行なわれることは極めて稀れである。それは、一つにはそうした行為には圧倒的な組織力が必要とされ、それに関わる人々は当然のことながら相当な見返りがないかぎり時間とエネルギーを提供するのをため

*1963～1965年に英国グレーター・マンチェスターで起きた集団殺人。10歳から17歳の少年または少女5名が殺害される。

らうからだ。集団的な精神異常行動が日常的に起きることは、人が危ない意図をもって宗教活動やマイケル・ジャクソンのファンクラブに加入しないかぎり、ありえない。ナチスの死の収容所について、なによりもグロテスクなのは、淡々とした几帳面な実務が全く実利とかけはなれた作業に役立てられてしまったことである。個々の作業は理と利にかなっているのに、全体となるとまったく逆になってしまう。要は、実際の世界には何の役にもたたない〔架空の〕状況のもとで目的が設定されるゲームと同じである。

スターリンにとっても毛沢東にとっても殺戮行為には彼らなりの理由がある。彼らの大概の殺人行為の背景には、残忍ではあるが合理性がある。だからといって、それがナチスほどひどくはないことにはならない。結局は、非道の犠牲となった者たちにとって、それが理由もなくなされたのか、それともある整然たる目的に合致しているのかは関係ない。実際、犯罪に関しては、明確な目的をもったもののほうが、動機不明の場合よりも非難される。アンドレ・ジイドの『法王庁の抜け穴』で描かれるように、列車から理由もなく赤の他人を放り出すのと、客席に肱を置く余裕をつくるために半分の乗客を放り出すのとでは、無謀な蛮行においてさほど違いはない。スターリンと毛沢東の犯罪はヒトラーのそれよりもひどくはないとは必ずしも言えない。両者はカテゴリーが違うだけなのである。

いわゆる「最終解決」*は目的にかなっていたとする説もある。ナチスによってそれが解決法とみなされたのには、つまるところ、次のような狙いがあったからではないかと。一つは、ユダヤ人を絶滅させることは、至るところに危機が存在するなかで挙国一致という大義を達成しやすい。共産主義者のような体制の政敵を絶滅させるという明確かつ実際的な目的にもかなう。他には、性的な堕落者や精神的・身体的な障碍者を抹殺することで民族の浄化がはかれるとも考えられた。民族浄化についてはいまさら説明の必要はないだろう。しかし、化け物を生み出すために六百万人も殺す必要はなかったという議論については、検討する価値はある。人は生贄にされたからといって根絶やしにされるわけではない。実際、生贄と根絶やしは究極的には矛盾する。生贄を根絶やしにしてしまうと、その代わりを見つけなければならないからだ。そうなると、「最終解決」とは、結局のところ、どんな解決だったというのか?

実利と非実利の間に明確に線を引けないことがしばしばあるのもまた真実である。たとえば、中世の異端審問は実利なのか非実利なのか。芸術と機智《ユーモア》は、実利的な効果がさほどないという点ではおおむね非実利である。それでも両者は時折り実利的効果を生み出すことがある。たとえば、国の軍事的勝利を祝うために作曲された愛国的行進曲などがそれだ。追放《パージ》と虐殺《ポグロム》は、通常は政治的な意図――たとえば仮想敵の土地を奪い、あるいはそれを破滅させるという――からなされる。しかし、それらがそうした当初の政治的目的でとどまることがめったにないのは、そこへ暴力が過剰に投入されるせいである。それらが本来的に残虐であるのは、土地や権力への執着からだけでなく、人々のアイデンティティに深く関わることだからである。しばしば人間は自分自身でありつづけるために蛮行をいとわない。そうした営みのなかでは、実利と非実利はしばしば織りあわさっている。

シグムント・フロイトに言わせると、死の衝動とは、つねに実利的目的がやみくもに、かつ残虐なまでに過剰になる（たとえば自然の征服のような）ことによって生じる。この死の衝動は、まったく信頼のおけない召使のようなもので、いつ何時、勝手に暴走をはじめるかもしれない危険をはらんでいる。プリーモ・レーヴィは、ヒトラー統治時代、いかに暴力が自己目的化され、あるいは本来の目的から過剰に逸脱していたかについて述べている。原注6

ホロコーストは、必ずしも理屈に合わない行為ということにはならない。六百万人のヴァイオリニストを殺す、あるいは六百万人の栗色の瞳をした個人を殺すというのであれば、それは純粋な無差別殺人ではないからだ。大量虐殺にあったのは、ユダヤ

原注6　プリーモ・レーヴィ『溺れるものと救われるもの』Primo Levi, *The Drownded and Saved* (London,1988),p.101.

人であれ、ジプシーの人々であれ、同性愛者であれ、その他の集団であれ、ナチスから彼らが好ましくないと思われていたからである。(ドイツ系をふくむ)ユダヤ人だけでなく、同性愛者や左翼までもが虐殺されたのは、「最終解決」が単に民族や人種が異なることによるものだけではないと気づかせてくれる。しかしながら、なぜそうした人々は好ましくないとみなされたのか？　それはドイツ国家とアーリア人としての純潔と団結が損なわれる惧《おそ》れがあるとされたからだ。それは死の収容所をつくるのに十分な理屈となったのである。

しかし、この惧れはほとんどの場合、現実的なものではなかった。いわゆる異邦人《エイリアン》がドイツ国家にとって脅威とされたのは、彼らが悪さをするからではなく、単に彼らが存在するからであった。それは、オセロの存在がイアーゴにとって脅威であるのと同じである。ポストモダン派が流行らせた用語でいう「他者」だったからではない。ナチス・ドイツには連合国をはじめ多くの「他者」がいたが、彼らはその他者を徹底的に空爆したことはあっても、ひとまとめにして抹殺する作戦計画はもちあわせなかった。

ナチスはベルギー人をベルギー人であるがゆえに殺すことはなかった。連合国はナチスにとって文字通り脅威ではあったが、存在論的な脅威とはなっていなかったからだ。だから、ユダヤ人などにしたように、存在基盤《アイデンティティ》を根こそぎにはしなかった。大量虐殺したくなる「他者」とは、通常は、何らかの理由で心中に恐るべき虚無《ノン・ビーイング》があることが明らかになってしまった人たちである。そうした虚無《ノン・ビーイング》を人は呪物やら道徳的理想やら純真幻想やら躁的意思やら絶対主義国家やら総統という男根的存在などによって埋めようとする。その点では、ナチズムは様々存在する原理主義と似通っている。「他者」を絶滅させて猥褻なる快楽を得ることで、人は自分自身が存在していることを唯一確信できる。他のものはあっても、アイデンティティがないということは、死の予兆に他ならない。この死の恐怖を払いのけるには、このトラウマを抱える人たちをまとめて消し去ってしまえばいい。そうすれば、原理的には唯一敵わない相手——死——に対して優位に立てることになる。

権力が弱点を嫌うのは、内に隠しもっている弱みを見せつけられることになるからだ。ナチスにとってユダヤ人とは、ほとんど無意味か無用なものであって、人間のもっとも恥ずべき猥褻なる汚点のような存在だった。

ナチスの完全無欠さが保持されるためには、それは廃絶されなければならなかった。哲学者のオットー・ヴァイニンガーに言わせると、女性は恐るべき虚無の体現者であるとされる。彼の著作『性と性格』によれば、女が男を誘惑するのは無が有を求めてやまない無限運動である。しかし、どうすれば無を滅することができるのか？　また、それが首尾よくなされたことをどうやって確認するというのか？　心中に何も無いことの恐怖を鎮めるために、何かをどんどんつくって周囲を満たそうと考えるのは、自虐行為もいいところではないか。ありもしないものは壊せないというのが真実であって、だから第三帝国*は未来永劫とはいかずとも少なくとも千年は栄えなければならなかったのにそうはいかなかった。同じように通俗的な神話の世界では地獄の責め苦も永遠につづくのである。つねに根絶すべき厄介な事象が後をたたない一方で――完璧なものを求める動きもある。ユダヤ人を皆殺しにすることはナチスにとって魅力的な提案だったが、彼らが惹かれた理由の一つは審美的な完璧さにあった。そこには絶対的な破壊という観念からもたらされる悪魔的な喜びがある。瑕疵《かし》、たるみ、大雑把は悪魔には我慢ならない。それは官僚たちの心性とも通じるものだ。それとは対照的に、善なるものはまだらで未完成をよしとする心性をもっている。

しかし、これまで見てきたように、悪魔は二つの異なる顔をもっていて、ナチスもその例にもれない。奥深いところで肝心なものが欠如している反面――意味もないもので溢れ返っている。ナチスからすると、ユダヤ人とその同類たちはこの二面を同時にもっている代表に見えた。彼らに肝心なものが欠如しているということは――前述

＊古代キリスト教神学で「来るべき理想の国家」を意味する概念として用いられた。ナチスが名乗ったことで有名。

したように、自らも本質的なものが欠落していることをナチス自身に思い起こさせる惧れがある。

他方で、ユダヤ人たちは無意味で人間のクズの代表である。それは秩序と理想を熱く追い求めるナチズムの「天使性」に対する脅威となる。いくらユダヤ人を殺しても、いくら自制と権威をふりかざしても、この人間のクズが生き残っているかぎりは崇高なる目的を汚してしまう。ミラン・クンデラは『笑いと忘却の書』でこう描く。「死は二つの顔をもっている。一つは存在が失われることであり、もう一つは死体という忌まわしい実在である」。死は存在の消滅と存在の過多という二面をもっている。それはいかにも意味ありげだが、文字のないページのように空疎である。

こうした悪魔の二面性は、不純であることへの恐怖という点で共通している。一面における不純とは反吐《へど》がでるような禍々《まがまが》しさのことで――その対極の純粋さは天使性のなかに宿っている。もう一つの不純とは、良識と価値観がはぎとられた物質的世界の猥褻きわまりない状態をさす。この対極にある純粋さが意味するのは無の状態である。ナチスはこの両極をつねに揺れ動いた。すなわち天使的なるものと悪魔的なるものの間を――無秩序《カオス》を拒絶するのと無秩序に耽るのとの間を。この無秩序に耽ることについて、ドイツの神学者カール・ヤスパースがナチズムの暗部を描くなかで、こう述べている。

「何の意味もない活動に歓喜し、自ら苦しみ苦しめられることに歓喜し、破壊のための破壊に歓喜し、この世と人間に対する憎しみを募らせることに歓喜を覚えることは、最後は自分自身が軽蔑すべき存在であることに憎しみを募らせて終わるのである[原注7]」。

この忌まわしい事象に対する批評としては、おそらくこれ以上簡潔にして的を射たものはない。悪魔とは一種の判じ物であり矛盾に満ちている。それゆえ『マクベス』の魔女たちもどちらともとれる対応をみせる。生真面目でありながらふしだら、精神が高揚しているかと思うと後ろ向きで皮肉たっぷり、誇大妄想的に自身を過大評価する反面で病的なまでに自らを卑下するのである。

悪魔の〝動機〟

ところで、悪魔とは目的をもたない世間離れした悪しき存在と見ればいいのか？ある程度までは答えはイエスである。悪魔は世間の物事の進展とはまず関係ない。それについて、フランスの精神分析家アンドレ・グリーンはこう記している。「悪魔には〝なぜ〟は通用しない。それは、存在するものはすべて意味がなく、秩序にしたがわず、目的をもたず、唯一、食指が動く対象を好きにできる力にだけ依拠する、これ

原注7　カール・ヤスパース『悲劇は終わらない』Karl Jaspers, *Tragedy Is Not Enough* (London,1934),p.101.

が悪魔の存在根拠《レゾン・デートル》だからだ[原注8]」。

　このことはピンキーやピンチャー・マーティンにとって悪い話ではない。しかし、悪魔も目的のようなものはもっている。悪魔はただわけもなく好き勝手をやっているように見えるかもしれないが、それは少々違う。これまで見てきたように、悪魔は、悪魔の存在根拠《アイデンティティ》を脅かす人には力をふるう。だが、一歩引きさがって自分がとらわれている地獄の諍いを鎮めようともするので、これについて少し考えてみよう。悪魔も責め苦にあい、同じ目にあう多くの人間と同じように最後の最後には救いを見出す。これは農民たちが反革命の立場から殺人を犯すのとは同じレベルではないにしても、悪魔にとって目的の一種になりうる。その意味では、悪魔も残虐ではあるが理性的な判断に似たことはするのである。

　この議論を少し戻して、なぜ人は自らのアイデンティティにこだわろうとするのかを考えてみよう。そうしなければならない実際的な理由がいつもいつもあるようには思えない。事実、現実社会では、自分以外の人間でいたほうが楽なことがある。ここで頭に浮かぶのはミック・ジャガー*だ。あるいはナチスと同じようにこう言う人がいるかもしれない。人間にとってアイデンティティは何ものにも代えがたい崇高なものであって——だからそれが失われるや、それと共に他の重要なものも滅してしまうの

原注8　ピーター・デューズ『悪魔の思考』Peter Dews, *The Idea of Evil* (Oxford,2007),p.133. からの引用。

＊1968年にローリングストーンズのミック・ジャガーがキース・リチャードと共作した「悪魔を憐れむ歌」をめぐるエピソードをさす。一部の宗教団体から悪魔崇拝で、若者を堕落させるとの批判をうけた。

だと。しかし、このことは、ナチスが悪用したように、自己同一性《セルフ・アイデンティティ》への病的な衝動を理にかなったものとみなすことになりやすい。そして、それは自己の存在感を主張することを日常的に強制するための致命的な手法でしかなかったと思われる。

われわれには、アルジェリア人、空中ブランコ乗り、あるいは英国国教会の菜食主義者でなければならない特段の理由はない。また、人がアイデンティティを主張しようとするとき、特別な見返りがあるわけではない。生まれながらの自我をあるがままにしておきたいというだけである。悪魔が実利・実用の存在なのか、そうでないのかについては、どちらとも言えない。悪魔は悪魔以外の何ものかの姿をとるからであり、その意味ではある種の目的らしきものをもっているからである。しかし、この悪魔以外の何ものか自体は明確な根拠をもたない。イアーゴがオセロを破滅させるのは、一つにはオセロを自らのアイデンティティへの脅威と見たからだが、オセロを破滅させるにたる十分な根拠があるわけではない。そうであってもイアーゴの実際の行動には目的があり――それゆえ悪魔は悪魔自身のために事をなすというのは必ずしも真理ではないことになる。むしろそれは、「それ自体に目的はないという条件のもと」という目的にしたがった行動なのである。したがって、再度指摘しておくが、それはゲームにきわめて近いものなのだ。

実際、どのようなものであれ目的をもった行動は、その源へと遡っていくと、目的のない事象にいきあたる。たとえば、なぜ彼女はあのバスに乗り遅れないよう走らなかったのか？　それは薬局が閉まる前に行きたかったからだった。それはなぜか？　歯磨きを買いたかったから。なぜか？　歯をみがくために。なぜ歯をみがきたいのか？　健康でいたいから。それはなぜか？　生活を楽しみたいから。しかし生活を楽しむことがなぜそれほど大切なのか？　ピンキーにとってそれは何の価値もないのだ。ルートヴィヒ・ウィトゲンシュタインが指摘するように、ポーカーでスペードをもっているからといって大負けすることもある。『哲学探究』で述べているが、根拠などというものはいずれどこかで消え失せてしまう。この形而上学的な命題を受け入れることができないのは、五歳の幼児だけである。

哲学者のコリン・マッギンは、『倫理学、悪魔、虚構』で、サディストは苦痛のために苦痛を求める、それゆえサディストは他者にできるだけ多くの苦痛を与えようとすると指摘している。サディストは痛みに特別な目的や意味を認めない、上級曹長やおそらくエディンバラ公*がそうしがちなように。マッギンによれば、なんらかの目的をもつ悪魔もいるが、まったく動機をもたず、それ以上説明のしようがない〝原初的〟な悪魔もいる。マッギンに言わせれば、人が「いちゃつく」のもこれと同じ行ないで

*フィリップ殿下。英国国王エリザベス2世の夫。自由奔放な言動で知られる。

しかない。そんな曖昧な表現をしなければならないのは、伝統的なアングロサクソン系の哲学者としては、精神分析学のようなヨーロッパ大陸系の秘法とは無縁だからである（マッギンが戦闘的な悪魔を強引に治療しようとするのも、同じ理由からである）。マッギンが自説に自信をもっているのなら、彼は、悪魔を古典的なサディストとは別物と考えている。それは心中にある恐ろしい無をなんとか埋めようとする魔物であると。その点では、〝原初的〟な悪魔でさえ完全に動機がないわけではないのだと。

実際、マッギンは、著作のあちこちで、悪魔には目的がないとする根拠を自らで覆すおそれのある鋭い指摘をしている。彼によれば、苦痛を重ねることは人間の存在価値を無にすることである。苦痛の只中にある人にとって、生きることはそこから抜け出したい耐えがたい負担でしかない。苦しみの極にある多くの人は死んでいるに等しい。そんななかには、人が苦しむのを見て快楽を覚える人もいる。修行僧よろしく、人間なんて軽蔑すべき存在だと見下すことができるからだ。他人の苦しみを喜ぶのには根拠がある（同じように、他人の成功によって苦痛〈たとえば妬み〉を覚えるのにも根拠がある。他人の成功によって自分自身の失敗に気づかされるからだ）。他人をわざと怒らせて、自分と似たような虚無的な人間にかえようとするサディストもいる。悪魔は、苦悩に苛まれている人の耳元で、生きることなど大して意味も価値もないと囁くことで、いつわりの癒しを与える。つねにそうだが、悪魔の敵は美徳というよりも、生そのものである。悪魔が美徳に唾をはきかけるのは、アリストテレスやトマス・アクイナスが詳らかにしているように、美徳がもっとも豊かに楽しく生きるための最上の手段だからである。

「投射」

十九世紀の哲学者アルトゥール・ショーペンハウアーは、人間の暗闇への論究の金字塔というべき『意志と表象としての世界』で、善、悪、悪魔の三者を明確に区別している。彼によれば、悪の行ないは利己的であるが、悪魔の行ないはそれとは一線を画す。単なる無慈悲で狂的な利己主義や自己中心主義ではない。悪魔についてショーペンハウアーは私がこれまで定義してきたのと同じように見ている。すなわち、悪魔はショーペンハウアーが「意思」と呼ぶ内なる苦しみから救われるようとして事をなす。そして、「救い」は「内なる苦しみ」を他者へ転嫁することによって得られるのだと。すなわち、彼のいう悪魔とは、精神分析学でいうところの「投射*」に他ならない。

ショーペンハウアーのいう「意思」とは、われわれ人間の心中にある悪の衝動だが、

＊自分の感情を無意識に他人へ移しかえる防衛機制。

原注9　アルトゥール・ショーペンハウアー『意志と表象としての世界』（西尾幹二訳　中公クラシックス全3巻、中央公論社）Arthur Schopenhauer,*The World as Will and Idea*(New York,1966),vol.1.p.364(translation amended).

個人的な幸福にはまったく関心がない。ただひたすら苦しみもがきつづける。目的もなく無益な再生産をするだけである。この呪縛の下にある男と女は、ショーペンハウアーによれば、喪失と充足を交互に繰り返す。そして、「すべての望みを使いはたしたとき、それでも『意思』だけは、これといった動機も根拠もなく、なお残って留まる。そして、激しい痛みと共に、頽廃と虚無という恐ろしい感情に姿をかえて現われるのである」[原注9]。われわれは何かを望むことをやめてはじめて、純粋なる欲望がどれほどの苦痛を伴うものかを思い知らされるのである。

シグムント・フロイトは、ショーペンハウアーから強い影響を受け、このサディスト的な悪意を死の衝動と定義し直した。しかしフロイトの独自性は、この執念深い力を致命的であると同時に喜び溢れるものととらえたことである。これは死を至福とする考えにも通じる。「エロスとタナトス」――愛と死はフロイトにとってあざなえる縄である。ちなみにどちらも自我の放棄を意味している。超自我《スーパーエゴ》と原我《イド》*と内なる世界からひどい仕打ちにあい、無残に傷ついた自我は自らを解体させても当然である。手足をもがれた動物のように、たった一つの身を守る方法は死ぬまで地面にはいつくばるしかない。生まれる以前の無生命の状態に戻ることによってしか苦しみから逃れることができない。キーツがハムレットの言葉を引いて描くように、苦しみもなく真夜

＊フロイトの精神分析用語。原我はイドとも言い，生きるうえでの欠かせない欲求や衝動，とくに性的衝動をさす。超自我は良心にあたり、家庭内でのしつけや教育によって形成されるとする。

中に消え去ることは、至上の願望の成就である。トーマス・マンの巨編『ブッデンブローク家の人々』の最後で、今わの際にあるトーマス・ブッデンブロークはこう悟る。「死とは喜悦であり、あまりにも大きく奥深いため、夢見ることができるのは、今この時の束の間の一瞬でしかない。それは、筆舌に尽くしがたい苦痛の連続の代償であり、重大な過ちの修復であり、鎖からの解放であり、門戸の開放である。そして、惨憺たる厄災を再び秩序づけるのである」

この問題提起は精神分析学にとって一大事件である（少なくとも幼児たち自身によるのではなく大人たちの間で）。昔から認められてきた小児性欲*どころか、人類は無意識のうちに自己を破滅させる欲望をもっているというのである。それによれば、自我の中心には絶対的な無《ナッシング》への衝動がある。われわれのなかには自らが堕落することへの強い願いがある。実存という内なる傷から自らを守るためには、自身が消滅することもいとわないというのである。

死の衝動にとらわれた人は、この世に意味あるものなどないと考えることで快楽的な解放感を覚える。こうした呪われた人々にとっては、何事にも関心をもたないことが喜びである。自分の利害すら脇においてしまうのは——ひねくれた形であるにせよ私的関心が彼ら自身にはなく、創造的な活動にかかわることをひたすら卑下するから

＊フロイトの仮説で、小児にも性欲があるとされる。

である。死の衝動は、利害や価値や意味や合理性に対するあからさまな反逆である。何であれそうしたものに対して、無《ナッシング》の名において狂ったように容赦ない攻撃を加える。死の衝動は、快楽原理も現実原理*も一顧だにしない。世界全体が音をたてて崩れ去るのに猥褻なる快楽を覚えるためには、どちらの原理にも、明るく引き下がってもらわなければならないからである。

死の衝動は、フロイトにとっては、われわれの罪業を非難する道徳意識をつかさどる超自我と密接な関係にある。フロイトは超自我を「死の本能の精華」と記している。この攻撃的な力は、罪業を叱責追及することで、われわれの罪の意識に火をつける（われわれがマゾ的な生き物であることの証しでもあるが）。超自我に叱責追及されることを喜びと感じるがゆえに、その呪縛に甘んじて、つむじ曲がりなことに罪そのものに喜びを見出す。そして、さらに罪を犯しつづけようとさえするのである。こうしてわれわれの脳は、超自我の高邁なるテロリズムの執念深い力によってやられてしまい、もっと激しい罪の意識と快楽を覚える。罰を下すことと罪を犯すこと、すなわち法と欲望の悪循環にはまる。法をゆるめればゆるめるほど、人は勝手気ままにふるまうようになるのである。

それが行き着く先は、フロイトが「メランコリア」と名づけ、現代では「鬱」と呼

*精神分析用語。「快楽原理」とは快楽を求め苦痛を避けること。「現実原理」とは現実世界の制約と結果を認めること。

ばれる膠着状態である。これがさらに悪化すると、人は自殺という形で自我の消滅にいたる。本能的な自足感を捨て去るごとに超自我の力はいやまして、狂気じみた恨みが増幅し、罪の意識がより深まる。この執念深い力は、それが禁じる欲望を糧に肥大化する。さらに皮肉なことに、人の罪業を罰する法は人の怒りをつのらせる。超自我による偏執狂的な禁止がなければ、そもそも人は罪を自覚できないかもしれない。

聖パウロも『ローマ人への書簡』でこう書いている。「もし法がなかりせば、私は罪に気づかなかったろう（中略）まさにその法によって私は命を約束され、死の定めを受けるのである」。これは、いわば原罪のフロイト版と言っていいかもしれない。聖パウロにとって、この悪循環は、「非難と糾弾の法」を「愛と赦しの法」へと変えることによってしか断ち切ることができない。

アルコール中毒者

フロイトは、夢こそが無意識を知るための王道だと指摘しているが、死に近づくもっとも確実な手立ての一つは中毒である。たとえば過度の飲酒がそれである。アルコール中毒者が酒瓶を手放せないのは酒がうまいからではない。実は味気ないかもしれない。それでも飲むのは、それが心中の傷や空白を埋めてくれるからである。耐えがたい空白を塞いでしまうことで、デズデモーナがオセロにしたように、酒は呪術の役割を果たす。しかし、酒のほうにも人を破滅させずにはおかない癖《へき》があって、人から離れがたい。酒は快楽の素であるからだ。それゆえ人は酒を飲みつづけ、身体じゅうの神経をぼろぼろにし、よく言われるように死んだも同然の感覚に至る。この快楽は自傷行為と変わらない。死の衝動はわれわれの身体が粉々に引き裂かれるのを見るだけでは満足しない。傲岸不遜にも、われわれにもそれを見て快楽を覚えることを求める。そして自殺にまで誘うのである。

泥棒は刺戟をもとめて法を犯したりはしない。自らの利益のためにしかしない。しかしながら、聖アウグスティヌスは、若かりし頃に果樹園から果物を盗んだときのことを、『告白録』でこう述べている。

「まさに罪、盗みを犯すことに喜びを覚えたのだ。（中略）悪人になるのになにか目的や理由があったわけではない。悪のために悪をしたいだけだった。醜悪ではあるが、私にはそれがたまらなかった。滅亡することも。自らの罪も愛おしかった。それも罪の結果ではなく罪そのものが。（中略）恥ずべき行ないから何かを得ようとは思わず、ひたすら恥ずべき行ないをするだけだった」原注10。

聖アウグスティヌスは、同書のさらに先で、悪行に喜びを覚える人たちについて、

原注10　『聖アウグスティヌスの告白録』（宮谷宣史訳、教文館「キリスト教古典叢書」ほか）*The Conffesion of St Augustine* (London,1963),pp.61-62.

その感情を「有害な快楽と惨めな至福」[原注11]と記している。

これは現代でいう猥雑なる快楽と同じものである。こうした呪われた人々がまっさきに法に触れるのは、法を犯すのが大好きだからである。彼らは法に逆らうたびにサディスティックな激情を募らせていく。それはアルコール中毒者が壜から快楽の最後の一滴を絞るようにして飲むのと同じで、そうすることで自らの肉体と精神が崩壊することを知っているからである。

アルコール中毒者が生きていると感じられるのは、このおぞましい間だけであり――酒にふけることで、生と死の間の惨めな薄暮を辛うじて愉しむのである。酒を飲むことは当人が死んではいない唯一の証しであり、それゆえ溺れた人がわらをもつかむように、酒にすがる。一瞬でもつかむ手をゆるめたら、岩礁の上のピンチャー・マーティンのように本当に死んでしまうかもしれない――断酒と更生というおそろしい未来に直面することになるからだ。それは自らをバラバラに解体することに等しい。飲んでいるかぎり無様な生の模倣を演じつづけて、塗炭の苦しみに苛まれる瞬間を先延ばしにすることができ、その結果、アルコールはショーペンハウアーのいう残虐な「意思」のごとく身体を破壊してしまうのである。

セーレン・キルケゴールはこう指摘している。「飲んだくれは自らを毎日酒漬けに

原注11　同前（原注10）,p.72.

する。それは、やめた後の精神的な苦痛、ある日素面になったときに起きるであろう地獄を怖れるからである。（中略）罪を犯しつづけることによってのみ、彼は彼でありつづけられるのだ[原注12]」

いったいアルコール中毒者はどれぐらい飲みたいものなのか？　答えは「いくらでも」である。やがて消滅する運命にある肉体が許容するのであれば、ずっと飲みつづけることだろう。彼のアルコールへの嗜好は恐ろしいまでに際限がない。それは、冠状動脈がいくら冒されようとも肝臓移植も癲癇の発作も恐怖の幻覚症状も乗り越えてやむことがない。フロイトからすると、死の衝動は死なない、それはさながらナチスが根絶やしを繰り返しても満足しないのと同じだとされるが、アルコール中毒者の酒への依存も同じように際限がない。欲望と似ていて、つねに前よりも膨らみつづける。精神分析学者からすると、欲望とは個人的なものではなくわれわれ人間に生まれながらに埋め込まれている普遍的なネットワークだとされるが、破壊衝動も普遍的で人間全般に当てはまるものである。フロイトによれば、それはわれわれがまったく気づいていない自身の中心に潜んでいる。それは、人間を人間たらしめ、われわれ以上にわれわれのためを考えてくれる知られざる力があるとするトマス・アクイナスの見方とは真逆である。

原注12　セーレン・キルケゴール『死に至る病』（邦訳岩波文庫ほか）Søren Kierkegaard,*The Sickness unto Death* (London),p.141.

アルコール中毒者は死を願って酒を飲むわけではない。願望とは関係ない。当人にそのような自覚はない。言葉が次々とつながっていくのと同じで、一杯の酒は二杯めへとつながる。最後の言葉がないように最後の一杯もない。この常軌を逸した衝動が、ある確定的なもの——たとえば六杯であれ六百杯であれ——で充足されるとするのは、とんだ考え違いである。そもそもアルコール中毒者は、全世界を飲み込もうと願い、そのためには手段を択《えら》ばないファウスト的欲望にとらわれているからだ。その意思は小さくはないが、それよりも恐ろしいほど果てしがない。酒と女と歌といった世俗的な愉しみにふける拗ね者ではない。その逆で、飲酒は肉体への断固たる拒絶である。修道士の生活のように非世俗である。女王によるクリスマス・メッセージのようなお祭り騒ぎとは遠くかけ離れている。もちろんそこにはつねに死中に贖罪を求めるという選択もあるが、稀れにそうした決断をなしても、さらに地獄に堕ちたままになることを覚悟しなければならない。

死の衝動とは、一種の無限の時、あるいは「生きながらの死」を意味している。悪魔と同じように、それは空間にも時間にも縛られない。ヘーゲルの言う「悪無限」の一種である。これに、聖ペテロが慈愛と呼ぶものを「善無限」として対比できるかもしれない。欲望に終わりがないように慈愛にも終わりがない。生ける屍の吸血鬼のような、悪しき「生きながらの死」がある。それは恐ろしい薄暮の世界であり、そこの住人は、アルコール中毒者かグレアム・グリーン描くピンキーのように、破壊を味わうときだけ生きた心地になる。いっぽうで、自らを他者へ捧げる善なる「生きながらの死」もある。これは悪しき人々にはできない業《わざ》だ。彼らにとっては自分は大切なものので手放すことなどできないからだ。

キルケゴールも言うように「絶望の責め苦は死ねないことである」[原注13]。見方をかえれば、キルケゴールは、絶望している人々は本当は死にたがっていると言っているのである。「絶望は人を破滅させることはないというのは、絶望の中にある人にとっては救いどころか、拷問でしかない。これはまさに苦悶を生き永らえさせ、苦しみの生をつづけることにほかならない。だからこそ彼は絶望するのである、(中略)自らを破滅させることができないことに、自らを無に帰すことができないことに。(中略)彼が耐えられないのは、自分自身から抜け出られないことにある」[原注14]。

絶望のなかにある人たちは自縄自縛に陥っている。不運な状態から抜け出すために死にたいのだが、自分の意図に反する力に突き動かされて悩み果てている。もし彼が死ねないのだとしたら、ピンチャー・マーティンのように、無《ナッシング》であること——自分自身を完全に捨てさることが、激しい苦痛よりも怖ろしいからである。フリードリヒ・

原注13　セーレン・キルケゴール『死に至る病』Søren Kierkegaard,*The Sickness unto Death* (London),p.48.
原注14　同上,pp.48-49.

ニーチェも述べているが、人は何も無いよりは何かを切望する。キルケゴールにとっては、死によって癒されることがない病いがそれである――その病いはまさに死ねないことにあるからだ。

アルコール中毒者は絶望のなかにある。出口のない状態に惹かれるいっぽうで自己嫌悪を覚えるという永久の繰り返しにとらわれている。たとえれば地獄に堕ちて生きているようなものである。世界的な文学作品に登場する偉大なる飲んだくれといえば、マルカム・ラウリーの『火山の下』の主人公、ジェフリー・ファーミンだが、彼はこんな怖ろしい思いにとらわれる。「突然、生まれて初めて衝撃的な確信に襲われた。自分は地獄にいるのだと」

しかし、アルコール中毒者にとって生きることを断念するのは地獄ではない。これまで見てきたように、むしろ生き永らえることが唯一の苦痛だからだ。彼からすればそれは死んだも同然なのだ。自由と至福の障害は自分自身である。アルコール中毒者とは、自らが幸福に生きるためには他ならぬ自分自身が乗り越え難い障害となる人のことである。その意味で彼らは悪魔と似通っている。死の衝動にとらわれた悪魔たちは、自分が苦しみに苛まれることに喜びを覚えると共に、苦しみを生きる糧にする。苦しみに身を委ねることが死なずにすむ唯一の代替行為だからである。彼らは恐怖にとりつかれていて、物事を成り行きにまかせることがどんなに楽かが理解できない。生きていると感じられるのなら、地獄のごとき醜悪なこともやってのける。彼らが救済されることを軽蔑するのは、救済によって人間としての生を唯一味わうことができる大いなる満足が奪われるからである。

この例証として以下に二つの引用をしよう。一つは、前にも引いた絶望にとらわれた人が傲岸であると同時に自滅的であるかを洞察したキルケゴールの言説である。

「(この絶望は) 自らの存在に対する憎悪から、惨めさのままに従って自分自身でありたいと願う。反抗的に自身でありたいのではなく、反逆のために自分自身でありたいと願うのである。それは自己をつくりあげている力に反抗してそこから自己を引き離そうとするのでもなく、反逆のためにその力にせまり、たてつき、悪意をもってその力にしがみつこうとする。(中略) あらゆる存在に対して反逆しながら、あらゆる存在に対する反証を、あらゆる存在の善意に対する反証を得たいと願っている。そして、自分自身そこがその反証であると思い、またそうありたいと願っている。それゆえ、彼は自分自身であろうと願い、自らの苦悩をもってあらゆる存在に抗議すべく、自らの苦悩のうちにあって自分自身であろうとするのである。あの弱気な絶望者*は、永遠が彼にとっていかなる慰藉となるのかについて、一切耳を傾けようとはしないが、ここでの絶望者もまたそれに耳を貸そうとはしない。しかし、両者の理由は違っている。ここでの絶望者はあらゆる存在に対する反逆であることから、そのような慰藉は彼の自滅になるだろうと思うからである[原注15]」

呪われた者たちが救済を拒むのは、それによってあらゆる存在に対して青臭い反逆心をわき起こすことができるからである。悪魔とは一種の宇宙的な拗ね者である。彼らの度しがたい性質を矯正してやろうとする相手に対しては、悪魔は激しい怒りを向ける。ひたすら世間に対して怒りをぶつけ、芝居がかった反撃をすることによって、悪魔は自らがいかにだめな存在なのかを証明してみせる。すなわち、われこそ造物主がつまらぬ存在であることの生き証人だと。

悪魔がいつまでも死を耐えがたい侮辱として拒みつづけようとするのは、自分自身は至上のもので死ぬわけにはいかないと見ているからだけではない。自身が消え去ると世界から厄介事がなくなってしまうからでもある。それを人は、善きことだと見誤

*キルケゴールは絶望を、自己の絶望を知らない「無知の絶望」、自己の絶望を知りながらも自己であろうとせずにいる「弱気な絶望」、自己の絶望を知って自分で勝手に決めた自己になろうとする「強気な絶望」の3つに大別。自覚の深いほど絶望も深いとした。ここでは「弱気の絶望」と「強気の絶望」を対比して言及している。

り、造物主の情緒的なプロパガンダとして唯々諾々と受け入れるかもしれない。しかし、すでに見てきたように、呪われた者たちの悪行によって、悪魔は善なるものに寄生し、彼らの反逆もまた彼らの嫌う権威に依拠していると知ることができる。悪魔は彼ら自身が侮蔑してやまない美徳にとらわれており、したがって信仰面ではセックスしか頭にない連中とは真逆の存在なのである。キルケゴールも述べているが、彼らは「悪意をもって（その力に）しがみつこう」として苛立ちをつのらせる、言ってみれば長年悩まされてきた悪妻の格好の刺激剤であることを喜んで引き受けるために死ぬことができない偏屈爺なのである。

次に引用する例証は、ドストエフスキーの『カラマーゾフの兄弟』に登場する高僧ゾシマの言説である。悪魔的《サタニック》なるものについて彼はこう断じる。

「それは要求する、神などあってはならない、神は神自身と彼が創造したものすべてを滅却してみよと。そして憎悪の焔をめらめらと果てしなく燃え上がらせ、自らも死んで無《ノンビーイング》なることを望むのだが、それが許されることはない」

地獄に終わりがないと言われるのは、恨みつらみが地獄の業火を燃え盛らせているからである。怨恨が補給されるかぎり地獄の業火を消すことはできない。怨恨が向かう先は行き当たりばったりではなく存在そのものであり、それゆえ際限がないのであ

原注15　セーレン・キルケゴール『死に至る病』Søren Kierkegaard, *The Sickness unto Death* (London), p.105.

る。悪魔は神と神の世界が自滅し、神が無となった後の世界に君臨しようと願う。しかし、自らが無《ノンビーイング》となることを望むかぎり、そのような無はありえない。それを望むこと自体が存在していることの徴だからだ。ここに悪魔がもつもうひとつの自己矛盾がある。無《ノンビーイング》となることを望むには虚無主義者《ニヒリスト》でありつづけなければならない。創造に対する造反もまた創造活動の一部にすぎない。

それゆえ、長老ゾシマが断じるように、呪われた者たちは死を願っても死ねないのである。悪魔には死のうという気が奥深いところで欠けている。所詮彼らは人間のパロディにすぎないがゆえに、生まれ変われるかもしれないという願望を放棄する能力に欠けている。世界を無きものにすると豪語してはいるが、彼ら自身の存在根拠《アイデンティティ》を失うことは世界を無にする自分自身をなくすことになるからだ。

〝空疎で退屈〟な悪魔

いずれにせよ、この世界を拒絶するには善悪二つの道がある。虚無主義者《ニヒリスト》の道もあれば、革命家の方法もある。それを区別するのは簡単ではない。D・H・ロレンスの小説『恋する女たち』の主人公であるルーパート・バーキンは、現在を捨てて変貌をとげた未来に賭けようとする。しかし、案の定、歴史的な転換点どころか、目の前の現実に苛立ちを覚える。その意味で、バーキンは精神的な弱さをもつジェラルド・クリッチの味方でもあり敵でもある。クリッチは、自らの意思にふりまわされ意思の力が弱まると自己崩壊しかねない人物だからだ。

もちろんアルコール中毒者は悪魔ではない。アルコール依存は極悪非道とは程遠い。悪魔は、いわゆる存在論的危機にとらわれた人が、それを他者に押し付けて逃げようとするときに姿を現わす。さながらそれは、他人の身体に穴をあけて、そこに潜む空虚をあばきだす行為である。そうすることで、人はその空虚を認めて慰めと安堵を覚える。と同時に、物事は不滅ではないことをやってみせる。人は自らの手で、多くの人体を一つの存在からバラバラな物の塊りにしてしまうことができる。それで驚くべきことに、死んだ人は純粋に完全に絶対的に死んだことになる。それが覆ることは決してない。つまり仮初《かりそめ》の世界に絶対的なものが生じたのである。だから人殺しというのは、おそらくドストエフスキーの『罪と罰』で主人公のラスコーリニコフが躍起になって証明しようとしたように、専制的な〔神の〕行ないが、道徳相対主義の世界やファストフード店やテレビのリアリティショー番組*でも起こりうることを示せるのである。

悪魔は、宗教原理主義者と同じで、大昔の素朴な文明社会における懐古物《ノスタルジー》の一つで

*事前の台本なしに素人にリアルな苦境に直面させるアメリカで人気のテレビ番組。

あり、その時代には救済や天罰をはじめ人が拠って立つ信念が存在していた。その意味では、グリーンの小説の主人公、ピンキーはそうした厳格で古めかしい道徳漢である。うがった見方をすれば、悪魔は現代におけるモラルの低下に対する抗議ともとれる。悪魔とは現代人を好ましくないと見る高等な復古主義者である。これを俗悪な論として退けることはできない。悪魔の目的は精神的な異端を持ち込むことにあるのだから。

悪魔は、役に立つことを善とするあり方に逆らう点でも、過激主義《ラディカリズム》にとっては魅力的である。有用性はわが現代文明の根幹だからだ。公認会計士や不動産会社と違って、悪魔は実利を一番だとは考えない。そして、人を殺すことは神聖なる力の行使であるという点から、神という概念を懐疑的かつ理性的に再解釈しようとする。殺人は神が人間に対して独占的にもつ最大の能力を奪いとることに他ならないからである。

しかしながら、悪魔が魅力的であるとする考えは、現代における最大の道徳的誤りである（ちなみに私が小さい息子に悪魔の本を執筆していると話したら、息子からは「キモいじゃん《ウィッキド*》」との答えが返ってきた）。これまで私は、この道徳的誤りについてあちこちで指摘してきた。原注16 中産階級にとっては、自らの道徳を手に入れたとたんに悪徳が魅力的に見えはじめるのである。ピューリタンの伝道師たちや福音主義の工場主た

原注16　テリー・イーグルトン『テロリズム　聖なる恐怖』（大橋洋一訳、岩波書店、2011年）Terry Eagleton,*Holy Terror*(Oxford,2005),p.57.
＊wicked（ウィキッド）の本義は「悪魔に呪われた」の意。

ちが、彼らの徳目を、倹約、分別、誠実、禁欲、節酒、素直、質素、従順、修養などと再定義したとたん、いともたやすく悪魔がセクシーに見えはじめる。アドリアン・レーヴァーキューンのえも言われぬ楽曲のように、悪魔が妙なる調べですり寄ってくる。都市住民の道徳など、悪魔の悪徳の魅力の前ではなんともみすぼらしい。われわれが共に飲み交わしたい相手は、ディケンズのフェイギン*やエミリー・ブロンテのヒースクリフ**であって、ジョン・ミルトンが『失楽園』で描く便秘気味の公僕のような話しぶりの神様ではない。誰もが好きなのは悪党なのである。

　本当にそうなのだろうか？　いや、より正確に言えば、誰もが好きなのは愛すべき悪党であろう。われわれは権力を馬鹿にする人には惹かれるが、強姦や企業ぐるみの詐欺はよしとしない。サヴォイホテルの倉庫から塩を盗む人には密やかな共感をよせるが、人々を八つ裂きにするイスラム原理主義者にはそうはならない。多くの読者は『失楽園』で全能の神に面と向かって勝ち目のない戦いを挑む魔王《サタン》に共感するはずだが、もっと共感を覚えるのは、彼の前向きな性格（果敢さ、不屈さ、意思の強さなど）であって、彼のもつ悪魔性ではない。実際、彼はこれといって特別な悪魔らしさを持ち合わせていない。彼がアダムとイヴにリンゴを食べさせたことは、大方の人々からすれば、恐るべき破戒とは見なされてはいない。

＊『オリバー・ツイスト』に登場する悪徳ユダヤ人。
＊＊『嵐が丘』の主人公の一人。

ところが中産階級の文明がポストモダン段階に到達すると、この破戒が大流行をみるようになる。ポストモダンの世界では、いまやこの言葉は、なかには子どもを絞殺したり頭蓋骨に鉞《まさかり》を打ち込んだりする行為が含まれていたとしても、ほぼ日常的に肯定的に用いられている。それは、破戒が起きるのは、社会的慣習が力をもっているからだと信じられているからに違いない。そこでいったん破戒が一般標準になってしまうと、過激なものではなくなる。おそらく精神分析学者のジャック・ラカンが、彼一流の謎めいた手法で、もし神が死んだとしたら何も許容されなくなると考えたとき、彼の胸中に浮かんだのはこのことではなかったか。この許容の対象としては人にしかるべき資格を与える権威もふくまれる。そして、そうした権威が機能しなくなったら、そもそも許容という概念が通用しなくなる。「許容」の時代にあって、許容を行使するのはいった誰なのか？　許容を認めることの範疇に許容を留保することもふくまれるとすると、現代の論壇においては、許容という概念そのものが論外ということになりはしないだろうか。

ポストモダン文化の疲弊した感性は、もはや性《セクシュアリティ》に衝撃的な価値は見出せない。そこで、その代わりに悪魔か、少なくとも悪魔であると単純に思われるものへと向かう。すなわち、吸血鬼、ミイラ、ゾンビ、腐敗する死体、狂い笑い、悪魔も顔負けの子どもたち、血にまみれた壁紙、色鮮やかな嘔吐物などである。しかし、もちろんのことだが、どれも悪魔そのものではなく、単なる汚穢にすぎない。そこから生まれた言説が、小説家ヘンリー・ジェイムズによるシャルル・ボードレールの詩に対するこんな風刺とおぼしきものである。「彼にとって悪魔とは外からやってくる。内からではない。それはおおむねけばけばしい風景と汚れた家具などからできている。（中略）悪魔は血と腐敗と病いの姿形をとって現われる。（中略）そこには必ずや腐臭を放つ死体と腹をすかせた売春婦と空になったアヘンチンキの壜があって、それがこの詩人にとっては効果的な着想の源泉となるのである」[原注17]。つまり、ここでは悪魔は単なる陳腐な素人芝居にすぎない。それとは対照的にジェイムズ自身はこう述べている。妻ではない女性と部屋に二人きりでいるある紳士が、立ったままの彼女のそばで座っているという事態のなかに、腐敗の気配を見つけることができると。

〝天使のように優しい〟社会では、政治に代わって企業のあれやこれやの手練手管によって市民の安寧が維持されているといってもいい。そこでは、社会全体が無味乾燥であることへの反動から悪魔的なものが醸成されがちである。悪魔的なものだけでなく、それに代わるありとあらゆる下らない代物、上流階級礼賛や原理主義宗教から悪魔崇拝やニューエイジ*の馬鹿騒ぎまでが生みだされる。人々から常識を奪い去る社会

原注17　ヘンリー・ジェイムズ『文芸評論傑作選』*Henry James:Selected Literary Criticism* (Harmondsworth,1963),p.56.
＊1960年代、米国西海岸を中心に広まった霊（スピリチュアリティ）的、宗教的思想とその運動。

にあっては、それまで常識をつくってきた立派な工場が占星術やカバラ*のような家内工業へととって代わられてしまうのである。無数のお手軽な「超越もの」が安値で取引されるようになる。われわれの社会体制がうんざりするほど天使のように優しくなるにつれ、容赦のない虚無主義《ニヒリズム》をますます生んでいく。そして、社会がさらに不毛かつ無秩序になると、天使の優しさ、神との敬虔なる対話、偉大なる国家といった規範が不服従の分裂分子を押さえ込むためにますます必要とされるようになるのだが、おそらく彼らはそうした規範によって生み出されたものなのである。

そもそも悪魔は、伝統的にセクシーなものではなく、退屈きわまりない存在と見られてきた。キルケゴールも悪魔のことを『不安の概念』で「空疎で退屈」と述べている。ある種の現代アートのように外形は整っているが内実がない。ハンナ・アーレントは、アドルフ・アイヒマンについて、陳腐な小市民で人として奥行がなく悪魔的なるものは持ち合わせていないと喝破する。しかし、奥行きのなさが悪魔的な人物の属性だとしたら、どうだろうか？　野心満々の暴君よりもさえない小役人こそが悪魔らしいとしたら、どうだろうか？

悪魔が退屈な存在なのは、生命がないからである。悪魔が魅力的とされるのは捏造されたものである。顔は熱気に輝いているかもしれないが、トーマス・マンの『魔の

*ユダヤ教の創造論・終末論・メシア論に依拠する神秘主義思想。その宇宙観は仏教における密教との類似性が指摘される。

山』の主人公のように、それは人を欺こうとする病的な輝きでしかない。それは生命力というより病気の熱によるものである。ロバート・ルイス・スティーヴンソンによって描かれた醜悪なハイド氏のように、実際は生命体ではないのにさも生きているかのように見えるだけである。悪魔は生と死の境界にいる仮初《かりそめ》の存在であり、だからわれわれは悪魔から幽霊やミイラや吸血鬼を連想する。死んでもいなければ生きてもいないというイメージからだ。悪魔が退屈なのは、生と死の境にとらわれて空しいことを繰り返すしかないからである。『第三の警官』の語り手は警察署へ繰り返し戻る。それはさながら果てしのない地獄の再現である。さらに悪魔が退屈なのは、内実がないからでもある。たとえば悪魔には複雑に入り組んだ感情の綾のようなものはない。ナチスの行進と同じで、壮観に見えるものの内実はからっぽである。〔膝を曲げずに脚を高く上げる〕アヒル歩きがパロディでしかないように、悪魔は本物の生命体の物真似でしかない。

悪魔は俗物で浅薄で陳腐である。皇帝になりすまそうとする滑稽で大仰な道化師である。人間が経験で得る複雑多岐にわたる事象に対して、焼き直しのドラマや安っぽいスローガンをぶつけてわが身を護る。悪魔が危険きわまりないのは、『ブライトン・ロック』の主人公ピンキーと同じように、怖ろしいほど純真一途だからである。世俗のことには我れ関せずで、感情に身を委ねるところは、イギリスの王族のようである。機転をきかせることができず、苦悩や恍惚や性的興奮を覚えると赤子のように戸惑うばかりだ。

悪魔が絶対的な無を信じるのは、生の実感がほとんどないため、物事を信じることができないからである。地獄とは得も言われぬ猥褻なる恍惚の世界ではない。もしそうだったら、飛び込んでみるだけの価値があるからだ。サウスダコタの下水処理に精通したアノラック姿の作業員がくどくどと語るような世界なのである。

悪魔の凡庸性

トマス・アクイナスからすると、自らの本性を自覚しつづけるものほど善きものとなる。どれほど完璧かは、その事物がどれだけのことを達成したかによる。それ自身にふさわしいやり方で進化するものが善きものである。独自の進化をめざすほどに物事は素晴らしくなる。かくして万物は善きものとみなされる。そして、わけても神が完璧なのは、神こそが真に自己実現をしている存在だからである。われわれ人間とは違って、神が存在しなくなることなどあり得ない。そこでアクイナスからすると、悪しきものはないことになる。そこらじゅうに、ビリー・コノリー*や「あの陽気で騒が

*ビリー・コノリーはイギリスの有名コメディアン。ちなみに映画「レモニー・スニケットの世にも不幸せな物語」で、爬虫類学者のモンティを演じ、不運に襲われたボードレール3姉弟妹にペルー移住を提案する。

しい」ペルー人たちがいるのは、しばしば彼らがあまり称賛できないふるまいに及ぶとしても、善きことなのである。

詩人のウィリアム・ブレイクは時折り悪魔の側に立つことがある。たとえば『天国と地獄のことば』がそうだが、善と悪の通俗的な二項対立について、それをひっくり返して、悪を積極的に評価し善を否定的に見る。しかし、これは、品行方正な中産階級のキリスト教徒たちを呆れかえらせるための作戦にすぎない。ブレイクが信じてやまないのは、一言でいえば、「生きとし生けるすべてのものは貴い」なのである。

トマス・アクイナスはこれに大いに賛同する。彼は、偉大なる先達である聖アウグスティヌスだけでなく、古代ギリシャやユダヤの思想家と同じく、悪魔は何らかの存在ではなく、一種の存在の欠如であるとみなす。何らかの欠損、喪失、剥落であり、存在の根幹部分が機能せず故障をきたしているのだと。ちなみに肉体的な痛みを悪の業《わざ》とするのは、本来の身体の機能がもつれているからである。生命を十分にいかしきれないからだと。アウグスティヌスがこうした彼一流の考え方をとるのは、物事は本来悪を内包しているとするグノーシス*的理論を信奉するマニ教を打ち負かしたいと思ったからである。マニ教にとって悪は前向きな力であり外から人に侵入してくる実体である。いわばＳＦ的な世界観といえよう。いっぽうアウグスティヌスにとって、悪

＊3世紀から4世紀にかけて地中海周辺やヘレニズム地方で流行った思想・宗教。古代ギリシャ語で「認識・知識」を意味し二元論を特徴とする。

は断じて実体的な力ではない。そう考えるから盲目的な崇拝を生む、さながらホラー映画に描かれるように。悪は異界からやってくるのではなく、われわれの内側から生まれる。それは人間の自由意思のなせる業《わざ》であり、それを彼は「より劣ったものを求める性癖」と評したのである。

言ってみれば悪は精神の劣化である。そこでアウグスティヌスは原罪という概念を初期キリスト教の思想家のなかで鋭く提起し、何よりもそれをもって悪についての具象化されたリアルな妄信を断じたのである。すなわち、悪は倫理の問題であって、人間の身体を外から侵す危険きわまりない実体などではない、と。残念なことに、アウグスティヌスは、原罪は生殖行為によって遺伝すると主張することによって、自らの経歴を汚すことになる。もちろんその汚れは後世に残る彼の言説のほんの一部にすぎないが、それは少々いきすぎた唯物主義的な見方を増長させるかもしれない。実際、カトリック教会の危なっかしい一派は、いかがわしい霊的な世界観からではなく、硬直した唯物主義的なアプローチによる活動から生まれることが多いからだ。

もし悪が本来的に無であるとしたら、全能の神にも悪をつくりだすことはできないはずである。全能の神はお気に入りのものはなんでもつくれるとする俗説を裏切って、実際には神の手がとどかない事象がたくさんある。たとえば神はイギリスのガールガ

*ガールスカウトのこと。

イド団*に参加して、髪を梳き、靴紐を結び、爪を切り揃えることはできない。四角い三角形もつくれない。イエス・キリストの父親になることもかなわない。そもそも神には睾丸はないのだから。そして、なによりも無をつくることができない。そもそも無とはつくることも壊すこともできないものだからだ。この理屈をくつがえせるのはペテンだけである。全能の神でも理屈には縛られるはずだ。悪にはなにかをなす積極性が一切ないからといって、何も効用がないということにはならない。それは痛いのに幻覚のふりをするといったたぐいの話ではない。たとえば暗闇と飢餓はどちらも前向きではないが、リアルな効果をもたらすことは誰も否定できないだろう（前述したように、フラン・オブライエン・デ・セルビーは暗闇を前向きな実在とみなすが、彼のような見方はごく少数派である）。同じ穴でもポケットのそれはたいしたことないが、頭の中にあいたら実に厄介である。

悪に対するこうした見方に釈然としない人たちもいる。すなわち、毛沢東の残虐な粛清の被害者、あるいはナチスの強制収容所で死んだ人々を、単純に何かが欠損したものによる犠牲者とみなしていいものか。それは、悪魔の積極性を過小評価するリスクにつながりはしないだろうか。[原注18] ここで精神分析学が助け船をだしてくれる、悪魔を怖ろしいものと認めながらも一種の欠落だとする見方によって。悪魔がもつ力とは、

原注18　ジョン・ミルバンク『暗黒と沈黙　悪魔と宗教における西欧的遺産（ジョン・D・カプート編「宗教論集」）』難解だがぜひ読んでほしい。John Milbank,Darkness and Silence:Evil and the Western Legacy, in *The Religion,ed.*John D.Caputo(Oxford,2002).

前述したように死への衝動であり、それは外へ向かって、仲間の人間に強い恨みを募らせる。

しかし、この狂暴な力は一種の欠如——存在しなくなることへの堪えがたい感情——を内包しており、それは他者の破壊へ向かう。それはまたある種の不在《ノンビーイング》——死という無の状態へも向かう。ここで、怖ろしい力と圧倒的な空虚が一緒になる。神学者のカール・バースが『教会教条主義』で指摘しているが、悪魔とは腐りもせず破滅もしないものであって、単純な不在や欠如ではない。

悪魔とは生きる術《すべ》が欠如している人々のことである。アリストテレスにとって、生きるとは絶えざる実践によって術を手に入れることで、それはサックスの練習と変わらない。呪われた者〔悪魔〕にはそれがうまくできない。うまくできない点ではわれわれも同じである。切り裂きジャック*よりはましなだけである。完璧な人類がその他大勢のだめな輩にまじって一握りはいると思い込んで異界からやってきた者がいたとしたら、われわれの誰もが欠陥だらけであることにさぞや驚くことだろう。山のような腐ったリンゴのなかには極上物がまぎれていると思うのが普通である。形はなんであれ人類が一人残らず機能障害であるという事実は、異世界からやってきた者たちには、ニューヨークのグッゲンハイム美術館の所蔵品がすべて贋作であると考えるのと

*1888年、英国で起きた連続猟奇殺人事件。売春婦5人がバラバラにされる。現在に至るも未解決。

同じぐらい奇怪至極であろう。要するに、生きる術に欠けているという点では悪魔も悪魔以外のわれわれも同じで、両者の違いは、その欠落の程度が悪魔は「著しい」のに対してわれわれは「そこそこ」なだけなのである。

その意味で、悪魔とは毎日のように出くわすわけではないが、われわれの日々の暮らしとは関係が深い。われわれにとって死への衝動は特別なことではないし、サディストも珍しくはない。ドイツでは「欠損ある喜び《シャーデンフロイデ》」と言うそうだが、他人の不幸に対して悪魔の喜びを覚える。哲学者のデイヴィッド・ヒュームは『人間本性論』でこう指摘している。われわれの喜びは他者の喜びから生まれるが、他者の苦しみからも生まれる。他者の苦しみには苦しみを覚えるが、われわれに喜びももたらす、と。このヒュームの見方は、人の生き方の実態を指摘しただけで、とんでもない屁理屈ではない。これに憤慨して退ける根拠などない。

妬みという人間にとってごくありきたりな感情について、コリン・マッギンは、おそらくほとんどの人間はこれによって、少なくともこれまで本書で定義してきた意味での悪魔に近づくとみる。[原注19] 妬みが他人の喜びによっていや増すのは、満たされないものが埋め合わされて救われるからである。それは、ミルトンの『失楽園』の魔王《サタン》の愚痴と同じである。

原注19　コリン・マッギン『倫理、悪魔、虚構』Colin McGinn,*Ethics,Evil,and Fiction*(Oxford,1997) ,p.69f.

「（前略）つらつら思うに、
自分に喜びを覚えるほどに、
私を取り巻くにっくき敵どもからうける苦しみはいや増すばかり。
私にとってあらゆる善きことは破滅の素となり、
天国は私にとってひどいものとなる。（中略）
求めたところで希望もなく、惨めさがつのるばかり。
他の人々には求めたものがもたらされるのに、
私にはひどいものばかり。
だから、私は破壊にしか安堵を覚えない。
非情にもそうみなすしかないのだ」

毎日の生活の中に精神病理的要素が潜んでいると考えるフロイトにならえば、悪魔についても日常の世界にその類推の手がかりを見つけだすことができる。稀れな現象とされるものが実にしばしば起きるように、悪魔は平凡なものに根をもっている。アドルフ・アイヒマンが、「ユダヤ人」大量虐殺《ジェノサイド》の立案者というより疲れ果てた銀行員に似つかわしいのが、その好例であろう。

その意味では、悪魔とは、その筋の専門家たちがイメージしたがるような選ばれた連中ではなく、そのように過大評価すべきではない。誰の目にも明らかな悪行——金儲けのために社会全体をぶち壊したり、原子力兵器を準備したりといった——は、これぞ悪魔というよりも、平々凡々たる連中によってなされる。われわれが過剰に用心するようなものとは無縁なもの、それが悪魔なのである。

第3章

ヨブの慰安者

弁神論

惨劇や自然災害が起きると「ＷＨＹ？」という意味深長な文字を記したプラカードを掲げる男女をきまって見かける。彼らは具体的な答えを求めているわけではない。地震が地下の深層の断裂によって、あるいは殺人事件が警察の保護監督下にあった犯人を早く釈放しすぎたことによって起きたことは百も承知している。「ＷＨＹ？」は事の原因を訊ねているのではない。質問というよりも嘆きである。この世界の深刻な欠陥に対する抗議であり、物事が怖ろしいほど無意味に見えることへの反発である。

古来、弁神論の名で知られる一派は、この歴然たる無意味に対して解釈を試みてきた。弁神論とは読んで字のごとく、「神を弁護する」論である。ここで肝要なのは、この世の中がいかにねじ曲がっているのかを説くことによって、愛にあふれていると思われている全能の神が本分の遂行に壊滅的に失敗する苦境から救ってやることにある。弁神論は、悪魔の存在を説くことで、全能の神に首尾よく責任回避をさせようとする。そのためにイギリス文化が企図した最大の芸術プロジェクトがミルトンの壮大なる叙事詩『失楽園』であり、そこで人間とはかくも無意味な存在であるかが明らかにされ、それによって人間に対して神は弁護されるのである。革命家ミルトンにとって、この書は、イギリスの内乱が契機となって目撃できると期待された政治的楽園が無残にも潰え去った理由を記した書でもある。しかし、大方の読者は、全能の神を弁護する詩人の敬虔なる企図を単純に受け取り、ますます神を冒瀆するようになる。神を弁護するために創意と工夫をこらすことで、神をわれわれ人間と同じ水準に引き下ろすことになったからである。そもそも神を議論の対象にするなど、王妃や判事などを論ずるよりもはるかにありえないことであった。

神学者のケネス・スーリンも指摘しているが、十八世紀の啓蒙主義者よろしく、世界を理性的で調和的なものとみなせばみなすほど、悪魔を問題にせざるをえなくなる。[原注1] 現代になって悪魔を説明しなければならない根本には啓蒙主義の留まることをしらない楽観主義がある。悪魔とは理性の光によっても消すことができない暗い影である。いわばトランプの束に潜むジョーカー、牡蠣のなかの砂粒、整理整頓された世界での置き間違えのようなものである。

この例外的事象を説明するために、弁神論はあれこれ理屈を重ねてきた。手始めは、ボーイスカウト、あるいは冷水浴効果とでもいうべきもので、悪魔は人格を陶冶するために欠かせない存在だとする考えである。アンドルー王子がフォークランド紛争に兵士として参加した折に、人格形成にとても役に立つからと語ったことを想い出させ

原注1　ケネス・スーリン『神学と悪魔』Kenneth Surin,*Theology and the Problem of Evil* (London),p.32.

るかもしれない。この考えに立つと、悪魔は、われわれに善行をなし責任感をつける機会を与えてくれるものである。悪魔のいない世界は平穏すぎるため、われわれが高潔な行ないをなすことをかえって妨げる。ドストエフスキーの『カラマーゾフの兄弟』に登場する悪魔は、イワン・カラマーゾフにこう言って自らの存在を正当化する。自分が神の業《わざ》における欠陥物、負なるもの、歪んだものであることを示してみせることで、神が退屈のあまりやる気をなくさないようにしている、それが自分の役割なのだと。さらに悪魔は言う。自分は、この世における「流転する均衡の中のx」――「欠くべからざる負なるもの」であり、それがなければ純粋なる調和と絶対的秩序は打ち壊され、万物は終わるだろうと。

悪魔が必要とされる堕落であり反逆だとすると、人間は腸を引き出され、焼かれ、腸を口に詰め込まれることによって人間になるという理屈が成り立つことになる。つまり悪魔によって、人間は自らが何からでき上っているのかを海兵隊員よろしく思い知らされる滅多にない体験をさせられるのだと。リチャード・スウィンバーンはこう述べる。神は、「広島の原爆、ベルゼンのナチス強制収容所、リスボンの大地震、中世の黒死病」を起こしてなお正当化されるのは、それによって人間はおもちゃの世界ではなく現実の世界に生きることができるからだ、と。[原注2] こんな物言いができるのは、

原注2　リチャード・スウィンバーン『神の存在』(熊谷賢二訳、上智大学神学会編「カトリック研究」、1978年) Richard Swinburne,*The Existence of God* (Oxford,1979),p.219.

オックスフォードやケンブリッジ出の紳士以外には考えられないが。

たしかに悪から善が生まれることもある。とんでもない不幸が苦にならない不遜な輩がいる。しばしば議論になるが、物事の意義の喪失が著しい現代にあってそれがむしろありがたいとされることがある。物事に意味や意義がないとわかれば、何事であれそれに勝手に意味を見つけることができるからだ。昔ながらの意義を無視してよくなれば、都合のよいものをつくりだすことができる。そうなれば、大厄災に見えるものからも、利を得ることができるのである。

それでも、つねに悪から善が生み出されるわけではない。さらに生み出された場合でも、それによって悪が正当化されるわけではない。不遜な輩が少しは謙譲の美徳を知るには、両足を失ったほうがより効果的かもしれない。ホロコーストから善が生み出されるとしたら、すくなくともそれは犠牲者たちの勇気や同胞愛ではなく、人間は情愛によっていくらでも道徳的頽廃を正当化できるのだと知ることであろう。新約聖書ではイエスは病める者を癒すのに献身したと描かれているのに、病弱者に苦痛を和らげる術《すべ》を教えることはない。むしろ逆に、彼らの苦しみは悪の仕業とみなしているかのようである。イエスは、天国が彼らの苦しみを大いに救ってくれるとは説かない。仮に苦しみが人を優しく賢くするとしても、その人にとっては状態は改善されないままでである。他の方法ではなく、ひたすら優しく賢くなるように努力しろというだけなら、それは悪の仕業ではないのか。

このことから、幸運な堕落というテーマが浮びあがってくる。「幸運な」というのは、はからずも生じた善きことを意味するのか？　たとえば、われわれ人間が自然と袂をわかって歴史に介入するようになったのは、画期的なことなのか？　必ずしもそうとは言えない。たしかに歴史は画期的なものをもたらしもするが、それには膨大な犠牲をともなうからだ。

マルクス主義者は人類の物語がもつこの両面はあざなえる縄だと信じている。おそらくわれわれはアメーバのように気楽にやってきた。もし人類が自滅して、あまりにも未熟な歴史を閉じるとしたら、それは当然の結果だと考えて最期の瞬間を迎える人がかなりいるかもしれない。はたして進化とは、そして進化によって与えられた人類の歴史とは、長きにわたる無残な失敗だったと言えるのだろうか？どうあがいても手に負えなくなる前に、全てをやめるべきではなかったのか、と。たしかにそのように考える思想家たちもいる。すでに触れたように、アルトゥール・ショーペンハウアーもその一人であった。

この問題について、ジョン・ミルトンは『失楽園』で、どっちつかずの立場をとっている。ミルトンは、闘争はやむなしと信じてやまない革命的ピューリタンとして、調和的だが活気のないエデンの園をよしとはしない。だが、ユートピア思想家として、神の国がピューリタンによるイギリスの内乱のなかで地上にもたらされることを願い、その心中は楽園に対するホームシックにとらわれている。おそらくミルトンが実際に考えていたことはこうだったのではないか。われわれは生まれ育った最初の家から追放されなければよかったのかもしれないが――そうなったからより素晴らしい幸せを手に入れるチャンスも得られたのだ、と。

驚くべきことに、この点に関しては、ミルトンとマルクス主義者は実に似通っている。マルクス主義者はこう固く信じて疑わないのではないか。資本主義という悪魔は善である、なぜならそれは社会主義というよりよき状態をもたらしてくれるからだと。たしかにマルクス自身は、資本主義を歴史上これほど革命的な生産様式はないと称賛している。それは、言うまでもないが、人類に言語に絶する恐怖をもたらす搾取の制度でもある。

しかし、マルクスによれば、資本主義はそれまで誰も体験したことがない世界へと至る力を人に与えてくれるものなのである。リベラリズムと啓蒙主義の豊かな伝統が、実現可能な社会主義を生む力強い遺産となったのだ。となると、人類の歴史が資本主義へと「堕落」することは、幸運なだけでなく、必然といえるのだろうか？　資本主義なくしていかなる真の社会主義もありえないのだろうか？　資本主義は、社会主義が権力を転覆して万人のための政権を確立するまで、富める社会を成熟発展させなければならないのだろうか？

これについては、マルクス主義者の一部で議論がかわされてきた。ロシア革命におけるメンシェヴィキ*がもっとも身近な事例だが、もしそうなら、マルクス主義は弁神論の一種ということになる。悪魔から最終的には善が生まれると主張することで悪魔を歴史的に正当化しようとするからである。一部のマルクス主義者からすれば、古代の奴隷制は、道徳的には問題ではあるが、封建制という「進歩的な」体制を導くから必要なものである。おそらく同じような議論が封建制から資本主義への移行についても語られるだろう。

ところが、昨今では、マルクス主義者を自認する人々でも、このような鉄面皮な説を擁護するものは多くはない。一つには、マルクス主義者も認めるように、封建主義から資本主義への移行は必然ではないからだ。そして、資本主義から社会主義の移行もまた、この世界をちらりと見まわすだけで一目瞭然だが、不可避な必然ではないからだ。資本主義が実現したのであれば、社会主義者も人間社会全体に役立つように精

*レーニンの率いるボルシェビキと対立した少数派。指導者はプレハーノフら。きたるべき革命は、ブルジョアジーを主体とするをブルジョア革命と規定した。

神的、物質的な努力を重ねればいい。それでも、最終目標とするものが他の方法で達成できるのであれば、そのほうがいいだけのことである。ミルトンにとっては、そもそもエデンからの堕落がなかったら、それにこしたことはなかったように。歴史が変わらないのならそれでもいいではないか、と発言する社会主義者がいてもいい（まずいないだろうが）。

たとえある社会が建設できたとしても、それが過去と現在の悪業を償うことができると証明はできないだろう。いまさら死んだ人たちを救済することはできない。奴隷制やボブ・ホープ*や三十年戦争**を往時に戻って穏当なものにすることはできない。歴史はいかようにも展開しうる。しかし、いったん起きてしまったら、社会主義であれ非社会主義であれ、それしか起きなかったのだからそれでいいではないかと主張するのは、屁理屈とは言えない。真理ではないかもしれないが、無理筋ではない。

悪から善が生まれることがあるとした上で、哲学者のブライアン・デイヴィスはこう問いかける。「であれば、われわれは、悪魔を指揮して善をなさしめる存在（すなわち神）をどう考えたらいいのだろうか」[原注3]と。神は、われわれの活力を測るために、デング熱やブリトニー・スピアーズ***や毒蜘蛛タランチュラよりもましなものをつくることができなかったのだろうか？　おそらく悪魔はこの特殊な世界においては不可欠

*毒舌で知られた伝説のコメディアン。
**1618―48の宗教戦争。
***米国のポップ歌手。2005年「ベスト・ダンス・レコーディング」でグラミー賞受賞。

なものかもしれないが、なぜ神はそれとは別のものをつくることができなかったのか？　神は苦痛のない物質的世界をつくることはできなかったのだと主張する神学者がいる。この説にしたがうと、われわれ人間は性的快楽を、あるいは単に肉体を求めただけで、異常な苦痛の場所〔地獄〕を耐えなければならないことになる。哲学者のライプニッツは、われわれがもっているものはこの世で最良・最高のものであるという。しかし、これに異論をとなえる思想家もいて、「この世で最良・最高のもの」とする考えは、〔ライプニッツが標榜する〕偉大な素数の定理と同じように、矛盾に満ちていると指摘する。どんなに特殊な世界であれ、人はもっと良きものを（たとえば、隣にケイト・ウィンスレット*が移り住んでくると）夢想できるからだ。

俯瞰《ビッグピクチャー》という考え方がある。それによれば、悪魔など実際にはいない、そう思い違いをしているだけである。もし宇宙全体を俯瞰できたら、神の目をもつことになり、悪魔の仕業と思われるものも、有意な全体を構成する重要な一要素であることがわかる。こうした悪魔の仕業がなければ、宇宙全体はうまく機能しないのだと。物事をこう考えると、悪と見えるものも善となる。たとえば幼児が、女性が人間の指を切断しているところを見れば恐れ戦くだろうが、実はその女性は外科医であり、指は怪我のため治療の必要があったことを理解できなかっただけである。つまり悪魔とは、木を

原注3　ブライアン・デイヴィス『神の実在と悪魔』Brian Davies,*The Reality of God and Problem of Evil* (London and New York,2006),p.131.
*英国女優。7度、アカデミー賞にノミネートされ、『愛を読むひと』で第81回アカデミー賞主演女優賞を受賞。

見て森を見ないだけのことである。近視眼的な生き物であるわれわれは、幼児を火にかざすなどとんでもないこととみなしがちである。しかし、視野をひろげてみると、それは大きな目論見の一端にすぎないとわかり、だったらそれに進んで手をかすこともあるかもしれない。思想史上には、他にも説得力のある説が開陳されている。フリードリヒ・ニーチェは、上記の議論とは真逆の立場からこう述べる。すべての事象は絡みあっているので、たった一つの体験だけを良しとすると、この世のあらゆる悲惨で悪魔的なものを認めることになってしまう、と。

悪を謎だとする人たちもいる。しかし、人間の世界が誰の目にも完璧でないのは、人類が自由気ままに互いを傷つけ、搾取し、抑圧するからである。これには、いわゆる自然界の悪(地震や疫病など)は関係ないどころか、実はその自然界の悪は人によってもたらされたものであることを現代人は先祖よりも気づいているはずである。現代においては自然と歴史との間の境界がますますあいまいになる。

黙示録では、この世は、山が崩れ落ち、空が閉じ、天国がひきつれるなど、あらゆる宇宙的な凶事の前兆をもって、ついに業火と洪水のなかで終わることになっている。ただ、こうした妄想家たちには思いもよらないだけで、この壮大なるシナリオに、ちっぽけな生き物であるわれわれが関与することになるかもしれないのである。そもそも黙示録は、われわれのもとへ訪れるものであって、われわれが引き起こすものではないとされていたが、やろうとすれば、われわれだけで完璧にできるのである。

宗教的信仰心をもつ人にとっては、なぜこの世に悪しきことがあるのかは問題ではない。それは自明の理だからだ。女衒《ぜげん》がアルバニアから連れてきた三十人の慰安婦をイギリスの売春宿に拘束したとしてもそれは謎ではない。彼らにとって関心のあるのは、なぜそのようなことが自由気ままにできるように人は創造されたのか、である。人間が自由気ままに創造されないとするのは形容矛盾だと信じられているからである。創造主は神であり、神こそが自由気ままにふるまえる絶対的な存在だからだ。神に似せて創造されるということは、神の操り人形になることではない。もし神が創造したものが神そのものだったら、それは神と同じく自由気ままに生きられるはずである。もし自由気ままにふるまえるのなら、失敗することも自由気ままにできるはずである。この理屈にしたがえば、善を行なえる生き物は悪もまた行なえるという論理になる。

しかし、この理屈に人は本当に納得できるだろうか？　どうやら神は、自由気ままにふるまえるが自由気ままには道を踏み外すことはない男と女を創造できなかった〔アダムとイヴのこと〕からだ。要するに、問題は、神をどういう存在と見るかにかかっている。神はアルバニアの慰安婦を売買することはできない。それは、不正に得た金を財布にためこんでいないからだけでなく、そんなことをしたら神という存在に反するからである。われわれ人間とちがって、神は自らを裏切ることはできない。

　前述したように、正統派のキリスト教神学では、万物は本来善きものであり、悪魔は失敗か欠陥でしかない。なすべきことをなしていれば、物事はますます善くなる。この考えからすると、人の腕を食いちぎった虎は善きものとなる。虎にとってはなすべきことをなしたのであるから。唯一の問題は、虎と人との繁栄の方法が対立していることである。

　ウィルスも同じで、ひたすらウィルスらしくふるまう。少なくともウィルス自身には指弾されるところはない。そのうち、反体制グループが、病院の外で、ウィルスの権利を護れと主張し、怒りのメッセージを記したプラカードを振りながら、ウィルスを根絶する医者たちを攻撃することになったとしてもなんの不思議もない。ウィルスは彼ら独自の創造的《クリエイティブ》な生きかたをすることで人間を殺してしまい、その結果、人間は独自の創造的《クリエイティブ》な生きかたができなくなる。なぜ、神は、ある種の繁栄が他の種との争いにならないような世界を創造できなかったのか？　なぜ、それはさながら自由市場のようなのか？

ヨブの決断

今日の神学者のなかには、悪魔の問題に向き合うのに、程度の差こそあれヨブ記における神の立場をとるものがいる。彼らからすると、神が悪魔を認める理由を問うことは、神を理性的で倫理的な存在とみなすことに他ならず、そんな神などありえない。それは、異星人《エイリアン》を緑色で硫黄臭い息を吐き眼が三角で（ひどいことに）肝臓がない疑似人間《ヒューマノイド》と思い描くのに等しく、人間の想像力の欠如の証しに他ならない。そうした奇妙きてれつな連中でさえ、どこかわれわれ人間に似通っている。神を超弩級の道徳的存在で、善き行ないを果たす義務感や責任感をもち、その機会にも恵まれているなどと考えるべきではない。それは、全能の存在に対する啓蒙主義の見方であって、われわれの勝手な憧憬から自らの器に神をあわせたにすぎない。哲学者のメアリー・ミッジリーも述べているが、「もし神がいるとしたら、おそらく腐って無能な官吏よりはいくらか立派で謎めいた存在でしかない」原注4 ことになる。

旧約聖書でいきなり神がヨブに指摘するように、そもそも神は人間の論理の尺度に収まる存在ではない。ヨブが自らの苦境を嘆き、なぜ神は彼のような無実の者にかくも過酷な苦難を与えるのだろうかと訊ねると、ヨブを慰安するために訪れた者たちは

原注4　メアリー・ミッジリー『哲学エッセイ』Marry Midgley,*Wickedness:A Philosophical Essay* (London,1984),p.1.

口々にまことしやかな説明をする。たとえば、先祖が罪を犯したのでヨブがその罰をうけているに違いないと。ついに神はやりとりに割って入ると、彼らのいい加減な説明を嘲笑うように退ける。神は、なぜヨブに苦難を与えているのかを説明するどころか、とにかく地獄へ行くことになると告げる。ヨブは憤って神の話を中断させると食ってかかる。あなたは私のことをどうして理解できるというのか？ あなたの道徳的、理性的な規範をなぜ私に押し付けることができると考えるのか？ それは、科学者をほらみたことかと後で批判するカタツムリ*と同じではないのか？ あなたはあなた自身を誰だと考えているのか？ 最後には、ヨブは〝見返りがなくとも〟神を愛することを決断する――すなわち、利益を受けようが不利益を被ろうが、恩寵を受けようが懲罰を加えられようが、そんなことには関わりなく、無償の愛をもって天罰に耐えつづけるようにひたすら神を愛するのだ、と。

「アウシュビッツ以後」とリチャード・J・バーンスタインは述べる。「悪魔について、その悪行を、慈悲深い宇宙論的世界観から正当化したり受容しようとする議論は良俗に反する[原注5]」。しかし、その傾向は以前からよくあったのではないか？ なぜアウシュビッツ以降なのか？ ナチスの強制収容所ができるはるか以前から、多くの人は、そうした議論を不快に感じてきた。したがって、なぜ神は六百万人ものユダヤ人の殺害

*18世紀のフランスでカタツムリの頭を切っても再生するという俗説が広まり、多くの科学者が切りまくった。ヴォルテールもその一人とされる。

原注5 リチャード・J・バーンスタイン『過激な悪魔』Richard J.Bernstein, *Radical Evil*(Cambridge,2002),p.229.

を〝赦した〟のかについて、われわれは答えをもっていない。信仰篤き人々が、その答えを求めるのは悪しきことだと退けてきたこともあるからかもしれない。これまでなされてきた議論のすべてはこけおどしの偽物で、そのうちの一つ二つは外道の議論である。

それゆえ、カントは『弁神論の哲学的試みの失敗について』という書名の小論を著わしたのである。ポール・リクールも、弁神論は「狂気の企てである[原注6]」と述べている。もし、弁神論をキリスト教が生み出し得た最良のものだとしたら、彼らは敗北を認め——少なくともこの由々しき問題については——不可知論者になったほうがましである、と。その上でなお、彼らは、悪魔の存在は神の存在に対してきわめて有力な議論であることは考慮に入れておく必要があるだろう。

制度に起因する悪

「多くの悪は」とミッジリーは記す。「ナマケモノのように穏やかでまじめで控えめな動機と不安と欲によって引き起こされる[原注7]」。彼女の著作では、これらの動機は悪魔以上に邪悪で不道徳とされるきらいがあるが、論旨はおおむね的を射ている。われわれが気をつけるべきなのは、大部分は昔ながらの利己主義と強欲であって、悪魔では

原注6　ポール・ルクール『解釈の確執』Paul Ricoeur, *The Conflict of Interpretations* (Evanston, IN, 1974), p.281.
原注7　同上 p.3.

ない。モンスター的事件は必ずしもモンスター的な輩が起こすわけではない。CIAの拷問係は間違いなく献身的な夫であり父親である。いつだって戦場での修羅に責任をもてる人は一人もいないのに、シーザーは部族を丸ごと殲滅したと語られる。年金をくすねたり全地球を汚染させる連中は、だいたいが仕事は仕事だと割り切っている穏やかな人物である。だからここにまだ救いがあると見ていい。

すなわち、もっとも邪悪なふるまいも制度上引き起こされるものなのだ。それは、既得権益と匿名性のなせるわざで、個人の悪意によるものではない。もちろん個人の悪意を過小評価すべきではない。陰謀をこらす輩がいることを軽視しすぎるのもよくない。昨今、喫煙ルームに男女が集まってよからぬ無法な企てをしているのも事実である。しかし、その大部分は制度上の問題から引き起こされているのである。

ほとんどのタイプの邪悪は、われわれの社会制度に埋め込まれているために、これらの制度にしたがっている諸個人は自らのふるまいの重みをよく自覚できない。だからといって、彼らは歴史の力に操られているだけとは言えない。すでにノーム・チョムスキーが指摘しているように、多くの場合、知識人たちが権力に向かって真実を語らなくても、権力は真実をなんらかの形で知っている。それでも、政治的に邪悪な行動をとる人の多くは、感受性が豊かで良識的な男女たちで、彼らは国や会社や神や自由世界の未来など、アメリカの右翼が信奉してやまないものに対して無私の僕《しもべ》であると信じて疑わない。おそらくそうした人々は、自らの不名誉なふるまいを、秘密工作員のジョン・ル・カレ*と同じように、辛いが必要なことだと考えている。〔しかし現実の社会では〕他人の爪をはがすことは、理想とされる社会ではあってはならない行為である。〔しかし現実の社会では〕他人の爪をはがすだけでなく、それを他人にもやれと教唆する人々は、さして矛盾を覚えることもなく道徳的な価値を語ることができる。彼らにとっては、それらはリアルな価値なのかもしれない。彼らは、ビジネスや現実政治《リアル・ポリテクス》からかけ離れた別世界の住人なのである。そこでは他の世界との交流はない。皮肉家〔チョムスキー〕が言うように、人が日常生活を捨てさることになるのは、宗教が日常生活に干渉しはじめるときからなのである。

ここで「虚偽意識**」というなかなかありがたい便法がある。多くの人がよからぬことに関わりながら、それをほとんど信じていないとしたら、大多数の男と女たちは生まれながらの悪人ということになってしまう。だとすると、そうした連中に現在よりも優れた社会秩序を打ち立てる資格と能力があるのか、という疑念が生まれる。マルクスとエンゲルスは、〔虚偽意識という〕イデオロギーによって革命的な政治が実現できるとする考えはとらなかったが、それでも両者〔イデオロギーと革命的政治実現の可

*英国の作家（1931～）。『寒い国から帰ってきたスパイ』などスパイ小説で有名。
**カール・マルクスらによって提唱された唯物史観の概念のひとつ。意識が歴史的過程を離れ、それ自体が独立しているかのような状況は仮象であり、そのような意識は虚偽であるとする。

能性〕の間には何らかの関わりがある。男も女も彼らをとりまく環境に決定づけられているということは、しばしば政治変革の妨げになるが、だからといって彼らを政治的救済の対象外とするわけにはいかない。そこで皮肉なことに、〔この二人の〕ヒューマニスト〔マルクスとエンゲルス〕に役にたつかもしれないのが虚偽意識なのである。それと気づかずに他人に災いをなしているとすると、新約聖書の有名なくだりを援用すれば、明らかに彼らは究極の悪人というより道徳的に劣った人間になる、というものだ。自らがやろうとしていることの意味を一部しか知らない、あるいはすべてを正確に知っていながらそれはある崇高な目的のためにはやむを得ないと考えるのも、おそらく人としての則を超えているとは言えない。「おそらく」と記したのは、スターリンも毛沢東もそれを崇高なことと考えて人殺しを行なったのであるが、彼ら自身が道徳的に則を超えていないかどうかは、誰も知りようがないからである。

もし悪がしばしば虚偽意識、強圧的な利権、そして歴史の圧力によっては行なわれないとすると、悲惨な結論が導き出されることだろう。すなわち、人類には生存をつづける価値などないということになる。ショーペンハウアーに言わせれば、それはとんでもない思い違いである。彼にとって人生は努力しても報われるものではない。彼によれば、人間の生とは、「一時的な満足、束の間の喜びであって、それは困窮、長くて辛い病い、果てしない戦いによって制約をうけ、すべては狩るものと狩られるものとなり、欲求、不安、金切り声、唸り声、これがこの地球の表層が再び引き裂かれるまでつづくのである[原注8]」

人間の存在についての彼の描きぶりは、少々偏っているかもしれない。不可解なことに、根幹にかかわる重要なものがいくつか抜けている。ショーペンハウアーが、人生にとって生きるに値するものをすべて除外したのだとしても、それでも問題が残る。言うまでもないが、愛は戦争と共にある。笑い声は唸り声と共にある。喜びは苦しみと共にある。しかし、この正と負、明と暗のセットは、人生という会計簿において帳尻があっているのだろうか、という問題である。答えはノーである。逆に、負のほうが優勢なだけでなく、多くの場合圧倒的に負が優位である。

ヘーゲルも歴史についてこう述べている。「それは人々の幸福、国家の知恵、諸個人の徳が犠牲として捧げられる屠殺台である」。ヘーゲルに言わせれば、歴史において幸福な時代とは、空白のページである。また、彼は「人間の精神が創りだしたもっとも輝かしい帝国における悪業、邪悪、堕落」と共に「人類の隠されていた悲劇[原注9]」についてもふれている。それは、歴史を楽観的に見すぎることを繰り返し断じている哲学者の考えを踏襲したものだ。すなわち、ショーペンハウアーはこう記している。「哲

原注8　アルトゥール・ショーペンハウアー『意志と表象としての世界』(西尾幹二訳　中公クラシックス全3巻、中央公論社) Arthur Schopenhauer,*The World as Will and Idea*(New York,1966),vol.2.p.354.

原注9　ピーター・デューズ『悪魔の思考』Peter Dews,*The Idea of Evil* (Oxford,2007),p.107. より引用。

学は、書物のページ、人の涙やわめき声、繰り返される殺人騒ぎのなかにはない」[原注10]。テオドール・アドルノも同じ考えをしており、人間の歴史の「果てしない失敗」について述べている。

公的な出来事のなかで徳が花ひらいて広まることは、一瞬気まぐれに起きるだけで、めったにない。われわれがあってほしいと願う価値――慈悲の心、憐憫の情、正義感、親切心は、ほとんど個々人の世界で起きる話でしかない。人間の文化は強奪、強欲、搾取の物語である。われわれ人類が誕生して以来、隈なく血に塗られ、何百万という不必要な死で刻まれた、混迷の歴史がつづいてきた。暴力にあふれ腐敗し攻撃的な政治ばかりを見慣れてきたので、そんな奇天烈なことがつづいても、もはや驚かなくなっている。大きいものがすべてを決するという神話的な「大数の法則」*によって、もはやわが人類の歴史のなかには、善きことや光をそう多くは見つけられなくなってしまったのだろうか？

別の見方もできる。それはバーラウンジでかわされる決まり文句、善いこともあれば悪いこともあるさ、である。人間は実に様々で曖昧で倫理的にも雑種である。しかし、そうであっても、問題は、なぜ政治では善きことがあまり起きないのか、である。それには、社会と政治の歴史――社会構造、制度、権力の執行が起因していることは

原注10　ピーター・デューズ『悪魔の思考』Peter Dews,*The Idea of Evil*(Oxford,2007),p.124. より引用。

*たとえばコイン投げを数多く繰り返すことによって表の出る回数が1/2に近づくなど、数多く試すことにより事象の出現回数が理論上の値に近づく定理のこと。

間違いない。保守主義の立場からの見方は、これとはちょっと違う。人間は、どっちつかずのふるまいをする点では、倫理的な雑種とさえ言えない。むしろほとんどが腐って怠惰な生き物で、彼らから何らかの価値を引き出そうとするとつねに厳しい躾と威圧が必要である。

この見方からすると、人間の本性に多くの期待を寄せる人々——社会主義者やリバタリアンのような——は、やがて辛いことに、魔法から解かれることになるだろう。彼らは人間の原罪は信じるが救済は信じない。いっぽう赤く染まったリベラル派は救済を信じるが原罪は信じない。連中の楽観的な見方では、人生を妨げる厄介なものなどほとんどないので、男も女も何とかやっていける。生粋のリバタリアンからすると、人間にとって厄介な障害はあることはあるが、それらはほとんど外にある。つまり、これらの障害さえなければ、人間は生来ポジティブな存在とみる。人が自由自在に生きられない唯一の理由は、人生の行く手に立ちはだかるものがあるからだ、と。もしこの見方が正しいとすると、革命や様々な解放運動がもっと頻繁に起こってもいいはずである。そもそもわれわれが自分自身から解放されるべきであることが、人間が解放されない理由の一つであることは間違いなさそうだ。

過激派《ラディカル》には危ういバランスが求められる。その一方で、これまで人間の奥深くにわだかまる堕落と不道徳に対して冷酷なまでに現実的でなければならない。そうでないと、人の生存条件を改革しようとする企図の手がかりを失うことになるからだ。情にとらわれる人は頼りにならない。それどころか変革の邪魔になる。かたや堕落と不道徳は変革のために「もっての外」とはならない。歴史をあまりにも楽天的に見ると、徹底的な変革は必要ないことになり、逆に歴史を悲観的にみると、変革など起こるはずもないことになる。

それでは、いったいどうすれば過激派《ラディカル》の企図は、歴史的な不正に立ち向かうなかで、潰されずに成果をあげることができるのか？　どうすれば、現実的な対応が、将来の夢と希望をしぼませずにすむのか？　しばしば政治的変革への要求が強ければ強いほど、実現の可能性は弱まる。一九一七年のソヴィエト革命のとき、ロシアの〔過激派の〕ボルシェヴィキ*が直面したのが、この状況であった。ツァーリ独裁、自由で市民的な制度の不備、貧苦にあえぐ農奴、過酷に搾取されたプロレタリアートの存在は、ボルシェヴィキにとって、革命到来の好機に思えた。しかし、いっぽうで変革を困難にする要素も多々あった。たしかにレーニンが指摘したように、ロシア社会の後進性は革命を誘発しやすい。ツァーリ国家が絶対的権力を独占していようとも、それを倒すには一撃で十分のはずだった。だが、レーニンも付言しているが、同じロシアの後進性

*ロシア語で「多数派」の意。具体的にはレーニンが率いた左派の一派で、ロシア社会民主労働党が分裂して形成された。

のせいで、革命が成就してもそれを維持するのはきわめて難しかった。二十世紀において社会主義が醜悪な売り物となったのは、それがどこで起きてもおかしくないとされたからである。そして、それがこの時代の大きな悲劇の一つになったのである。

この過激派《ラディカル》が政治の絶望の隙間に滑り込むのを防げるものは、唯物主義《マテリアリズム》である。ほとんどの暴力と不正を引き起こすのは物質的な力であって、諸個人の邪悪な本性ではないとする考え方のことである。唯物主義では、人がアッシジの聖フランチェスコ*のようなふるまいに追い込まれることを想定していない。たまに人がそうしたとしても、それは思ってみなかったことだからこそ感銘的だとされるのである。美徳は、かなりの程度、物質的な豊かさに負っている。餓えていたら、他人と良好な関係などつくれないからだ。唯物主義《マテリアリズム》の真逆が倫理主義《モラリズム》——善行と悪行は実質的な成り立ちからいってまったく別物であり、それが両者をそれたらしめているとする考え方である。過激派《ラディカル》たちは、彼らを取り巻く環境を変革することで聖人の国がつくれるとは考えてはいない。それとは遠くかけ離れている。

フロイト主義をはじめ、どんなに強固で確固とした政治変革を成し遂げても人間のもつ多くの醜悪さを消し去ることができないとする見方は山ほどある。そうした政治の限界を自覚することが真の唯物主義《マテリアリズム》であり、そこには、唯物的な種であるわれわれ

＊フランシスコ会（フランチェスコ会）の創設者として知られるカトリック修道士。悔悛と「神の国」を説いた。中世イタリアにおける最も著名な聖人のひとり(1182-1226年)。

も深く関係していると自覚することも含まれる。それでも過激派《ラディカル》は、大多数の人民にとって生活は簡単に良くすることができると主張する。それは単なる政治的現実主義にすぎない。

物質的な生存のために必死な人が善行のためだけに善行をなそうとしないのは、彼らが必ずしもピンキーやレーヴァーキューンのミニチュアではないからである。彼らがそうする理由の一つは、階級社会によって富の欠如が人為的につくられているからであり、階級社会では、多くの人にとって人間は粗野で未開のままだという歴史観が認められないからである。そもそも道徳は権力ときってもきれない関係にある。権力によって虐げられると性格がねじまげられるように、支配階級の間でも、あらゆる異国趣味《エキゾチック》の悪徳が醸成される。スーパースターのように、多くの金持ちや権力者はやがて自分たちは不死で無敵だと信じるようになる。もちろん人から訊ねられてもそれを認めたりはしないだろうが、彼らのふるまいから見てそれは間違いない。人はふるまいをみて判断すべきであって、言葉によってではない。その結果、そうした人々は、神のもつ破壊的な力をふるうようになる。自らの道徳は自らの環境によって決められているとと自覚できる人だけが、他者と思いやりをもってつながりを感じることができるのである。

これまで私が述べてきたように、きわめて多くの不道徳は実体の諸制度と密接な関係にあり、その意味からも、不道徳は原罪と同じように、それに関わる人のせいではまったくない。私が提起しているのは、唯物主義《マテリアリズム》の見方をとれというものだ。人間の行為は当事者の思惑とは関係なく邪悪なものにもなりうる。善行についても同様である。悪人はしばしば心優しきサマリア人*にもなる。歴史を見れば、善き行ないは善き人々よりも重要であることは論をまたない。飢餓の救済を支援するのであれば、その動機がボーイフレンドにいいところを見せようしたものであってもまったく問題ない。しかし、悪についてはどうか？　悪の行為とその行為者を別物とすることは難しそうである。悪をなそうとする悪魔的な人がなくても悪行は存在しうるだろうか？　本書の立論では、答えは否である。なぜならば、悪魔はその行為の前提条件であると同時にその行為の本質だからである。同じように見える二つの行為があって、いっぽうが悪で片方がそうでないとしよう。たとえば、性的な悦楽をもとめて合意の上でサド的な行為に及ぶ人と、他人を痛めつけることで自らの空虚感を癒そうとする人とを比べてみれば、それは瞭然だろう。

悪魔が人間のなかから被験材料を求めるとしたら、ナチスはどうか？　アウシュビッツへと導かれていった中心的な主体はいったい誰なのか？　ヒトラーか？　ナチス

*イスラエル人と、アッシリアからサマリアに来た移民との間に生まれた人々とその子孫のことをいう。有名なイエスの説法に「善きサマリア人」の逸話がある。

親衛隊か？　それとも国民精神か？　これに答えるのは簡単ではない。あえて答えるとすれば、ナチス・ドイツにおいて、悪魔は似た状況下で、実に様々なレベルで暗躍したということだろう。悪魔的な行為に加わりながらも、彼ら自身は悪魔ではなく、武装組織やそれよりも小さい組織の一員としてしぶしぶ事に及んだ人もいる。また、熱心に企てに（暴漢や愛国者やにわか仕立ての反ユダヤ主義者などとして）参画し蛮行に及びながらも、悪魔とは言いがたい人々もいる。

さらには、筆舌に尽くしがたい残虐行為に関与しながら、それによって特別な満足を得たわけではない人もいる。アイヒマンはこのカテゴリーに属するだろう。そして、最後は、おそらくヒトラーもふくまれるが、抹殺妄想に取り憑かれた人たちで、真の悪魔と言わざるをえない。国民精神については、語るのにためらいを覚える人もいるだろうが、その妄想にそれをつくったわけでもない人々はとらわれ、ナチスのプロパガンダによって、汚らわしい異人《エイリアン》どもに侵攻され破壊されるという病んだ意識を植え付けられてしまったのである。

ドーキンスの誤り

道徳心と唯物的条件についての私の議論がそれなりの説得力をもつならば、ここから重要な結論が導きだされるだろう。すなわち、人類についての信頼のおける道徳的な判定を下すことができないのは、これまで絶望的に歪められた条件の下でしか、人類を観察してこなかったからである。だから異なる条件の下では男も女もどうなっていたかはわからない。極限状況に置かれると真の人間性が現われると信じる人がいる。背中を壁に押し付けて極端に明るくした照明に相対させるのが、この世で人をもっとも怯えさせる方法で、そうすれば人は必ず本性を出すのだという。しかし、これは明らかに間違っている。おそらくほとんどの人間は、ある条件の下では、食料と水のために平気で他人を殺すだろうからだ。だが、これは通常の人の精神状態については何も語っていないに等しい。

男も女も、強いプレッシャーの下では、大概は力を十全には発揮できない。いっぽうむしろ苦境にあると力を十全に発揮できる人もいる。たとえばイギリス人はそうした美徳を備えているようだ。彼らは苦境を耐え忍んで、果敢な勇猛心が沸き起こってくるのをひたすら待つ。しかし、そんな人たちは稀れである。プレッシャーの下にある男と女がより強い束縛を求めるとしたら、健康と安寧のためではなく、本来の自分か、あるいはそうありたいと願う自分を手に入れるチャンスを期待してのことである。マルクスに言わせると、歴史に記されたありとあらゆるものは、実は真実の歴史ではない。それは彼が「先史」と名付けたもので、搾取という根深くも暗澹たる事象のバリエーションにすぎない。人はしかるべき意思をもって歴史に介入することではじめて自らの徳性を確認できる機会にめぐまれる。その結果は必ずしも望ましいものではないかもしれない。おそらくわれわれ人間は一貫してモンスターであったことを発見するだろう。しかし、少なくとも自らの現状を直視することになる。すなわち耐えざる資源獲得の争い、あるいは権力による苛斂誅求によって醸成されてきた偏見によらずに。

道徳絶対主義はある意味では正しい。それは物事を善と悪に腑分けする点においてであって、内容的な意味ではない。実際に人を善悪に腑分けすると、歴史のほとんどは血にまみれた専制であったことを理解しているか、否かによってわかれる。すなわち、文明的なものより暴力がはるかに強く、圧倒的多数の男と女はこの惑星に生まれてこなかったほうがよかったのだと、認めるか否かである。

一部の左翼たちは、こうした陰気なショーペンハウアー的なとらえ方をよしとしないことだろう。とんでもない敗北主義で政治的士気を低下させる危険があると断罪するかもしれない。世間にペシミズムは思想的犯罪だとする左翼がいるのは、あらゆる否定的な事象をニヒリズムとみなす能天気なアメリカ人が後を絶たないのと同じである。しかしながら、あらゆる政治的な叡智の根本はリアリズムにある。トマス・ハーディによれば、最悪なものを冷徹に見つめることによってのみ、よりよきものが見つかるのである。

皮肉なことに、今日、愚かな進歩主義が、歴史の悪夢に気づくどころか、政治的変化に大いなる脅威を与えている。それは真の反リアリズムと言うべきもので、その一人が、人はみな良心的で文明的になりつつあるとする、とんでもない独りよがりの説を唱える科学者のリチャード・ドーキンスである。「二十一世紀にいるわれわれの多くは」と彼は自著『神は妄想である』で述べる。「中世、あるいは予言者アブラハムの時代、さらに下った最近では一九二〇年代のわが同類よりも先をいっている。大きなうねりは動きをつづけ、前世紀に先陣を切っていた先駆者たちでも（略）それより後の時代の遅れた人たちよりも遅れていることを認めるはずである。アメリカ合衆国が二〇〇〇年代初頭に行政的痛手をうけたように、地域的かつ一時的な揺り戻しはある。しかしながら、長い目でみれば、進歩は間違いなく、確実につづくのである」[原注11]

実際、ドーキンスは、リベラルな価値の進化について同書の大半を（すべてではないが）費やしている。たしかに、その領域では圧倒的な（ただし起伏をともなった）

原注11　リチャード・ドーキンス『神は妄想である―宗教との決別』（垂水雄二訳、早川書房、2007年）Richard Dawkins,*The God Delusion1*(London,2006),pp. 70-71.

進化があった。したがって、ドーキンスの高慢ちきな独善ぶりは相変わらず〝進化と進歩〟をつづけているが（水晶玉でももっているのだろうか？）、彼の言説はまったく正しい。ただし、進歩史観が帝国主義者の神話程度の連中にとってだが。たしかにある物事はある面ではよくなる。進歩の実現性を疑うのは、麻酔なしで歯を抜くようなことかもしれない。女性参政権運動家のパンクハースト姉妹*やマーティン・ルーサー・キング牧師を尊敬してやまない人々もいるが、この世には悪くなる物事もあるのだ。この誰にも疑いのない問題について、ドーキンスはほとんどなにも語っていない。彼が自信満々に言う進化しつづける人間の知恵など、われわれがこの惑星で直面する惨事にはさっぱり役に立たない。たとえば、核戦争の脅威、エイズをはじめとする致命的なウィルスの蔓延、ネオ帝国主義者の狂信、持たざる者たちの大量移民、政治的熱狂、ヴィクトリア時代を彷彿させる経済的不平等への回帰などに潜在的惨事をくわえたら枚挙にいとまがない。進歩史観のチャンピオンたちにとって、歴史とは未開という傍流を伴った啓蒙進歩の大波である。いまだ未開なままの異物はやがて仕訳をされ、排除される。ドーキンスにとって、いわゆる「テロとの戦い」は、歴史がしゃっくりをした程度のものでしかない。逆に過激派たちにとって、歴史とは文明と未開の混合物である。両者はきってもきれない絡み合った関係にある。ドーキンスの同類た

＊英国の婦人参政権運動のリーダー、エメリン・パンクスハースト（1858～1928）の娘たち、シルヴィア、クリスタベル、アデラの3姉妹。

ちの言説を読む限り、悪魔の行ない、あるいは原罪という考え方《ドクトリン》は、過激派たちが奉じる信念ということになる。だとしたら、われわれにとって事態は厄介このうえなく、それを正すには腰をじっくりすえた改革しかないだろう。

リチャード・J・バーンスタインは『過激な悪魔』で、二〇〇一年に起きた世界貿易センター破壊事件を「現代における悪魔の行ないの典型」と記している。彼は、アメリカが過去半世紀の間に、ニューヨークの惨劇による死者を超える信じられないほどの数の無辜《むこ》の人々を殺してきたことを忘れているようだ。

これまで私は何百回となく記してきたが、イラクでは犯罪的な戦争によって無数の人々が殺され、そこから悲劇が生み出されてきた。バーンスタインは、自身の母国が自由の名において暴虐と殺戮をおかしてきたことに無視を決め込んでいる。邪悪なことはおそらくいたるところで行なわれている。いまやそうした事情は、アメリカの抑えがきかないイランや北朝鮮といった政治体制、さらにはイスラムのテロ組織とほとんど変わるところがなく、実際、善き人類にとって、重大な(さらに拡大するおそれがある)脅威となっている。

しかし、本書では、テロは悪魔の行ないというより、邪悪な行ないと考えている。両者の間には、言葉遊びをはるかに超えた大きな違いがある。実際、われわれの安全と生存は、この両者の違いが大いに関係している。悪魔に破壊行動を止めさせることができないのは、彼らの行動には合理性がないからである。彼らにとって、人がやっきになって求める合理性など、ちっぽけな問題でしかない。

逆に、論理的には、合理的で称賛にさえ値する目的を成し遂げるために手段を選ばない連中とは話し合うことはできる。三十年にわたる北アイルランドの紛争が終結したのも、ひとつには武装したアイルランド共和主義者がそういう部類の連中だったからだ。しかし、イスラム原理主義者に対しても同じことが可能かもしれない。もし、西側諸国があるイスラム国家に対して異なる行動をとっていたら、いまわれわれを襲いつつある攻撃の少なくともいくつかは避けられたかもしれないのである。

訳者あとがき

著者のテリー・イーグルトンは、一九四三年英国はスコットランド生まれの文芸評論家・哲学者で、ケンブリッジ大学で博士号を取得、現在はマンチェスター大学の教授として文化論を講じている。マルクス主義とフロイトの精神分析学を融合する独特の立場から、文学・美術から政治まで幅広い批評活動を展開。多数の著作があり、日本でも、筒井康隆氏の『文学部唯野教授』の下敷きになったとされる『文学とは何か』(Literary Theory: An Introduction,1883、岩波書店、一九八五年)をはじめ、『アフター・セオリー――ポスト・モダニズムを超えて』(After Theory, 2003、筑摩書房、二〇〇五年)から近著の『アメリカ的、イギリス的』(Across the Pond: An Englishman's View of America, 2013、河出書房新社、二〇一四年)まで、三十冊近くが翻訳出版されている。

本書(On Evil)は、イーグルトンが「悪」という古典的な神学テーマを現代にとらえ返した挑戦的かつ論争的な著作である。その意義の在処《ありか》は、姜尚中氏が本書冒頭の「推薦文」で簡潔に指摘されているとおりである。すなわち――

「悪とは何か。なぜ人は悪に魅せられるのか。悪の本質には何が秘められているのか。善行の背後に偽善が見え隠れし、愛を語れば歯の浮くような白々しさを感じ、ヒューマニズムがお為ごかしにしか思えない時代にあって、悪とは何であるのかを問うことは、現代を理解するカギになるに違いない」

これに付言すると、本書が書かれたのは二〇一〇年だが、六年たった現在の日本において、その意義がいやましていることである。

ちなみに姜氏は、本書に触発されて昨年夏に『悪の力』（集英社新書）を上梓、川崎市中一男子生徒殺害事件や名古屋大学女子学生による殺人・傷害・放火事件など、猟奇と見られがちだが奥の深い題材に焦点をあて、頻発する「悪」とどう向きあえばいいのかを、平易かつ説得力をもって問題提起された。しかし、その後、相模原で無残な障碍者殺傷事件が起きたことで、不幸なことにも、本書の意義はいっそう高まったと言わざるを得ない。

こうした「悪」の頻発に対して、理解不能の悪魔の仕業であるとのレッテルを貼って、社会的かつ物理的に排除する動きがますます顕著である。このことはイーグルトンも指摘するように、ナチスによるユダヤ人の「社会的除去」の再来といういっそう悪魔的な所業を増幅し拡大再生産するだけである。社会的かつ物理的な排除はその場限りの対症療法にすぎない。

「悪」は人類が誕生以来抱えつづけてきた「文明論的病い」である。これに対して、問答無用と一方的拒否や判断停止をするのではなく、あくまでも理性的なアプローチを執拗につづけていかなければならない。そのパースペクティブをもって「悪」とは何かを根源的に問うイーグルトンの言説は、日本の「今この時」にとって、きわめて有効かつ時宜になかかっていると思われる。

さらに手前味噌をくわえると、これまで三十冊におよぶイーグルトンの著作と格闘をしてきた英文学者や哲学研究者ではなく、私のような「門外漢」が翻訳をすることになったのも、本書の翻訳が「今この時を待っていた」と言えるのかもしれない。

これまで私は、リアルな政治や経済に関わる評伝やノンフィクションの翻訳を数多く手掛けてきた。それはそれで激動する「今この時」を理解するのに有効だと今もなお信じている。しかし、それればかりを追い求めていると、フローだけで世界を見ることになり、知的ストックとしての世界を見失いかねないことを、本書の翻訳で痛感させられた。

「フローだけで世界を見る」とは、いってみればテニスのプレイと同じかもしれない。来た球をひたすら打ち返さなければゲームオーバーになってしまう。しかし、次から次へと生起する事象に即時的に対応していくことで、むしろ世界を見失うのではないか。それはグローバル金融資本主義が向かう先と同じではないか。思えば文芸や哲学の世界もそれに連動していて、「なんでもあり」とすべてを容認してきたポストモダニズムの相対主義のなせる結果なのかもしれない。

ここはしばし球を打ち返すのはやめ、ゲームを中断させて、そもそもこのゲームは何のためにあるのかを考えてもいいのではないか。まさに訳をすすめながら私が体験したのはそれであって、何度も立ち止まらされたが、そこから得たものは大きかった。したがって、従来のイーグルトンの「ファン」はもちろんだが、これまでイーグルトンの名も知らなかった、哲学や精神分析や文芸評論に無縁だった人にこそ、本書を読んで「悪」とはなにかを、立ち止まって考えてみていただきたい。私が翻訳のなかで体験したように、必ずや今私たちが抱えている病い、今ここで考えておかなければ取り返しがつかなくなる「悪」という病いへの処方箋の手がかりを得られるはずである。

*

最後に本書の翻訳刊行の経緯を記しておく。前述したように、姜尚中氏は本書に触発されて『悪の力』を書かれたが、私は姜氏の同書を味読してさらに触発をうけた。

読後の余韻とともに、にわかにイーグルトンの言説に関心がつのり、原書を取り寄せてみたところ、難解ではあるものの「悪」が頻発する日本にはぜひとも紹介するだけの価値があると思われた。そこで原著者から翻訳の快諾をもらい、一年ほどをかけてようやく刊行にこぎつけ、そのむねを姜氏に案内をしたところ、「推薦文」を寄せていただけることになった。こうして本書を時宜を得て日本に紹介する介添え役を果たしていただいた姜尚中氏には、改めて深く感謝を申し上げたい。

二〇一六年十二月

前田和男

[著者プロフィール]

テリー・イーグルトン（Terry Eagleton）
1943年英国スコットランド生まれ。文芸評論家・哲学者。ケンブリッジ大学で博士号取得。現在はマンチェスター大学の教授として文化論を講じている。マルクス主義とフロイトの精神分析学を融合する独特の立場から、文学・美術から政治まで幅広い批評活動を展開。『アフター・セオリー――ポスト・モダニズムを超えて』（筑摩書房，2005年）、『テロリズム　聖なる恐怖』（岩波書店，2011年）など多数の著作があり、『文学とは何か』（1983年）は筒井康隆の『文学部唯野教授』の下敷きになったと言われている。

[訳者プロフィール]

前田和男（まえだ・かずお）
1947年東京生まれ。東京大学農学部卒。翻訳家、ノンフィクション作家。訳書にI・ベルイマン著『ある結婚の風景』（ヘラルド出版）、『コリン・パウエル　リーダーシップの法則』（KKベストセラー）、クリストファー・アンダーセン著『愛しのキャロライン』（ビジネス社）など。著書に『男はなぜ化粧をしたがるのか』（集英社新書）、『足元の革命』（新潮新書）、『選挙参謀』（太田出版）、『MG５物語』（求龍堂）など。

悪とはなにか

2017年1月1日　　第1刷発行

著　者　テリー・イーグルトン
訳　者　前田和男
発行者　唐津　隆
発行所　株式会社ビジネス社

〒162-0805　東京都新宿区矢来町114番地 神楽坂高橋ビル5階
電話　03(5227)1602　FAX　03(5227)1603
URL　http://www.business-sha.co.jp

〈カバーデザイン〉中村聡
〈本文組版〉茂呂田剛（エムアンドケイ）
〈印刷・製本〉半七写真印刷工業株式会社
〈編集担当〉斎藤明（同文社）〈営業担当〉山口健志

ISBN978-4-8284-1930-5